KB245465

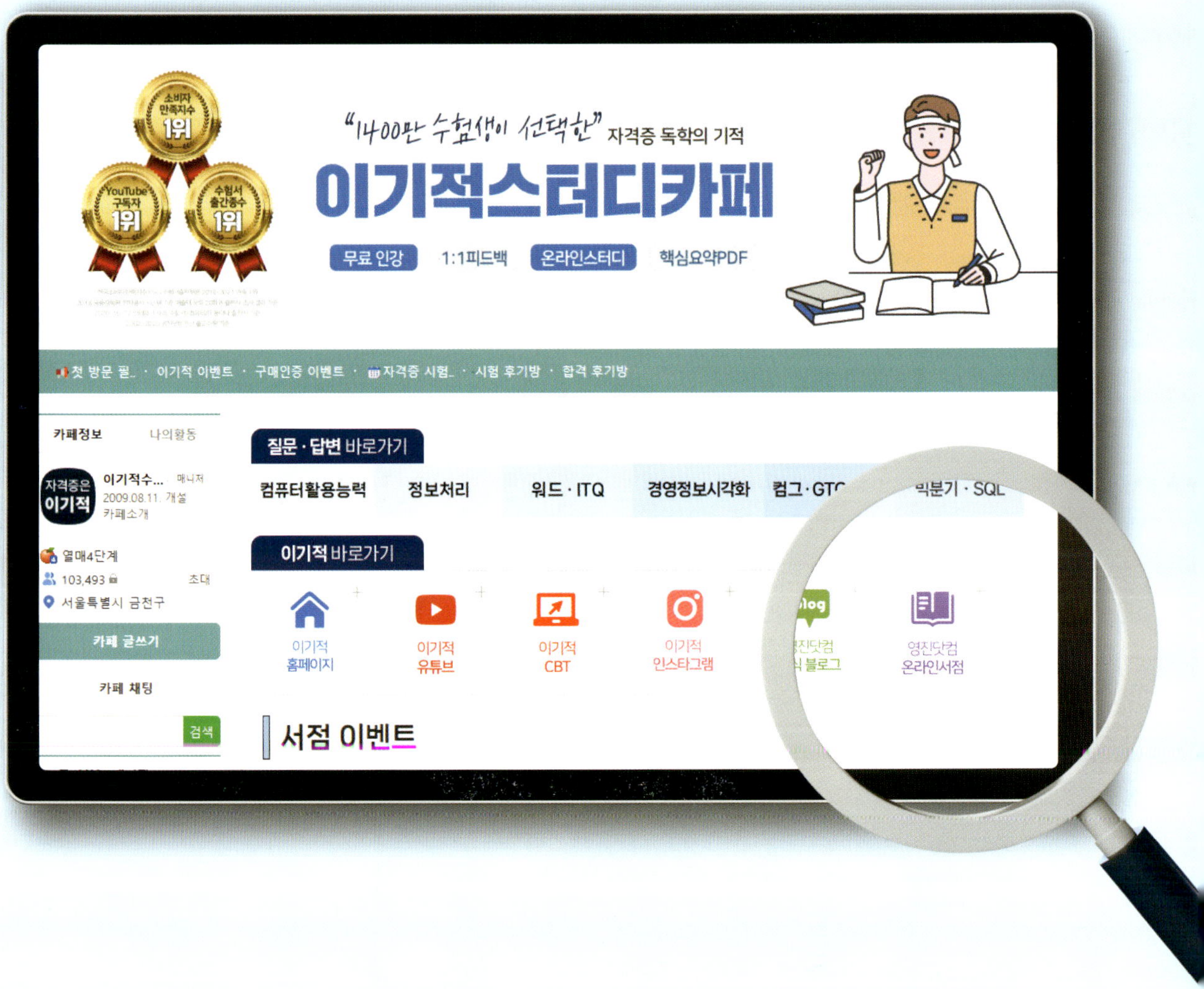

합격을 위한 기적 같은 선물
또기적 합격자료집

혼자 공부하기 외롭다면?
온라인 스터디 참여

모든 궁금증 바로 해결!
전문가와 1:1 질문답변

1년 내내 진행되는
이기적 365 이벤트

도서 증정 & 상품까지!
우수 서평단 도전

간편하게 한눈에
시험 일정 확인

합격까지 모든 순간 이기적과 함께!
이기적 365 EVENT

1 기출문제 복원하기

이기적 책으로 공부하고 시험을 봤다면 7일 내로 문제를 제보해 주세요!

2 합격 후기 작성하기

당신만의 특별한 합격 스토리와 노하우를 전해 주세요!

3 온라인 서점 리뷰 남기기

온라인 서점에서 책을 구매하고 평점과 리뷰를 남겨 주세요!

4 정오표 이벤트 참여하기

더 완벽한 이기적이 될 수 있게 수험서의 오류를 제보해 주세요!

※ 이벤트별 혜택은 변경될 수 있으므로 자세한 내용은 해당 QR을 참고해 주세요.

바리스타

2급 7일 끝, 합격

"이" 한 권으로 합격의 "기적"을 경험하세요!

임형준

스타요리커피학원 원장 및 커피 교육 강사

starcookcoffee.modoo.at

보유 자격증

- SCA Barista skills Intermediate
- (사)한국커피협회 바리스타 2급, 1급
- 커피지도사 2급, 1급
- 홈카페마스터, 로스팅마스터, 커피머신관리사
- 일본식 정드립, 라테 아트 과정 이수

학력

연세대학교 생물학과

CAREER

- 카페 바리스타 경력 다수
- 사회복지법인 스롤라인 바리스타 자격증 교육
- 정부기관 이북5도위원회 바리스타 자격증 교육
- 프랜차이즈 커피 M사, T사 본사 직원 바리스타 자격증 교육
- 마포구청, 서대문구청 연계 프로그램 커피 교육
- 기타 카페 창업 컨설팅
- (사)한국커피협회 인증 교육기관 운영 중

발간사

기원전 7세기경 커피 열매가 에티오피아에서 처음 발견이 되고, 100여 년 전 이탈리아에서 처음으로 에스프레소 머신이 발명이 된 이후 지금의 커피는 전 세계 어디에서나 쉽게 즐길 수 있는 만국 공통의 기호 음료가 되었다. 특히 우리나라의 경우 과거에는 치킨집, 미용실, 음식점이 창업 1순위였던 데 반해, 2022년 3월 기준 커피전문점의 숫자가 약 9만 개가 될 정도로 최다 수치를 기록하였고, 비교적 낮은 진입 장벽과 대표적 여가 문화의 장소로서의 카페의 역할 등의 원인으로 인해 코로나 19 이후 더 빠른 성장 추세를 보이고 있다.

카페 창업의 목적과 커피에 대한 관심 등 많은 수요에 따라 바리스타 자격증 취득 인구 또한 2022년 기준 30만 명을 훌쩍 넘어서고 있는데, 이러한 수요에 맞춰 국내에서는 수많은 민간협회에서 발급하는 바리스타 자격증뿐만 아니라 SCA, GCS, IBS 등 외국의 커피 교육 과정도 성행하고 있다.

영진닷컴과 함께 하는 본 바리스타 2급 문제집에서는 바리스타 2급 자격증 필기시험에 대비하여 시간이 부족한 수험생들의 수고를 덜어드리기 위해 2급 필기 기본서의 이론 내용을 핵심 위주로 정리하였고, 여러 기관의 시험 규정과 문제 유형을 포괄적으로 담아 합격에 도움을 드릴 수 있도록 구성하였다.

마지막으로 커피를 공부하고 카페를 창업하는 분들의 최종 목표가 바리스타 자격증 취득이 되어서는 안 된다는 말씀을 드리고 싶다. '바리스타'라는 직업은 단순하게만 보면 커피 음료를 서비스하고 고객에게 제공하는 일이지만, 넓게 본다면 생두를 고르고 선택하는 일부터 로스팅, 커피 향미의 제대로 된 이해와 평가, 그리고 커피와 관련된 문화를 서비스하는 일이기에 커피에 관한 지속적인 공부를 통해 끊임없이 발전시켜 나가야 할 부분이며, 소비자의 입장도 고려하며 커피에 대한 안목을 키우고 객관적인 평가를 통해 올바른 소비를 해나가야 할 것이다.

'이기적 바리스타 2급 필기' 기본서에 이어 2급 문제집 출간에 도움을 주신 영진닷컴 출판사 관계자분들에게 감사 말씀을 드리며, 이 책을 보시는 모든 분들이 커피로 인해 항상 마음의 위안과 즐거움이 가득하시기를 바란다.

> "아! 커피, 얼마나 매혹적인가!
> 천 번의 키스보다 황홀하고 모스카토 와인보다 부드럽구나.
> 커피, 난 커피를 마셔야 해.
> 누가 내게 즐거움을 주고 싶다면 커피 한 잔이면 족해"
>
> — 바흐(Bach) 커피 칸타타 중에서 —

차례

PART 1 · 핵심 이론

PART 2 · 해설과 함께 풀어보는 출제 예상 문제

PART 3 · 해설과 따로 풀어보는 모의고사

이 책의 구성

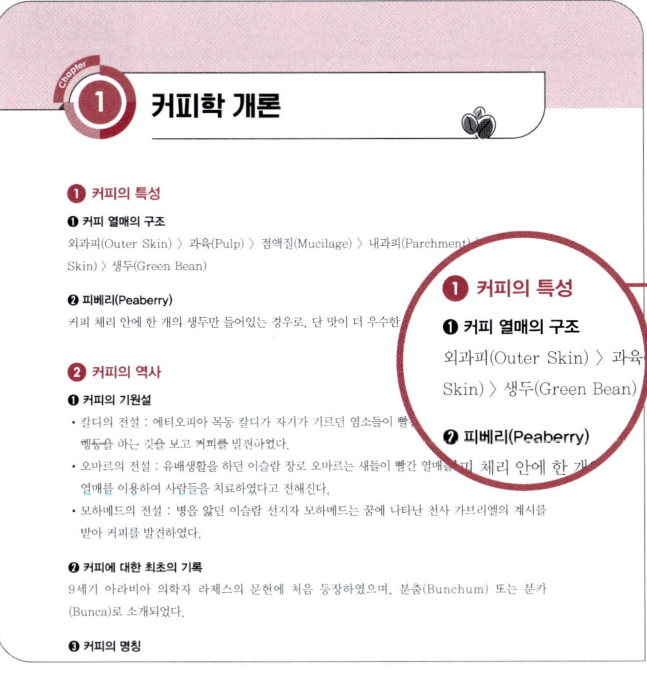

핵심 이론

시험에 자주 출제되고 꼭 알아야 하는 이론만 골라 쉽게 설명했습니다.

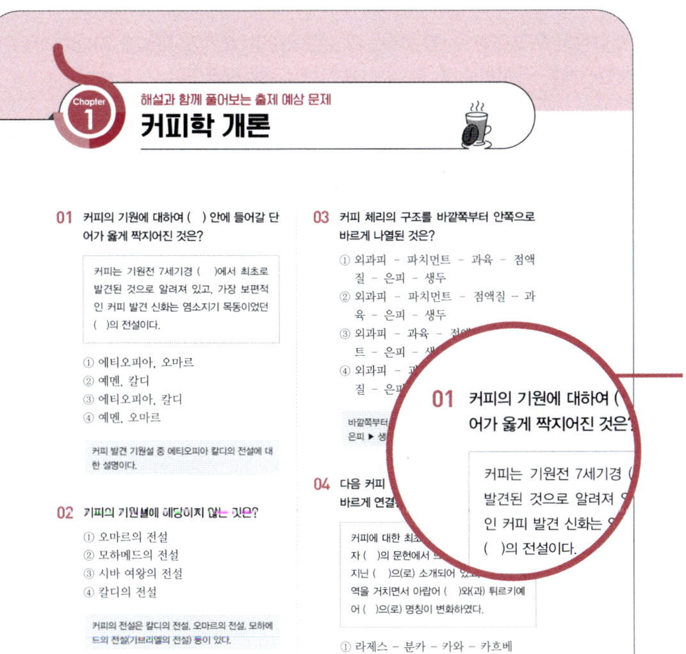

출제 예상 문제

각 챕터별로 정답과 오답에 대한 자세한 해설을 문제와 함께 제공하여 이론이 어떤 유형으로 시험에 나오는지 파악할 수 있습니다.

(사)한국커피협회

1. 협회 자격 개요

2005년 1회 자격시험을 시행한 이후로, 2021년 12월 기준 2급 취득자 31만 명을 넘어서고 있다. 바리스타 3급, 2급, 1급, 커피 지도사 2급, 1급, 로스팅 마스터, 홈카페마스터, 워터소믈리에, 티마스터, 커피 머신관리사, G-ACP 등의 자격증이 있다.

2. 응시 자격

응시자격에 대한 제한은 없다.

3. 시험 방법

① 필기시험(50문항)

출제위원	정회원 중 회장이 위촉
출제범위	커피학 개론, 커피 로스팅과 향미 평가, 커피 추출 등 바리스타(2급) 자격시험 예상문제집 포함
출제형태	사지선다형
시험시간	50분
시험감독	고사장별 책임감독관은 회장이 위촉하며, 시험감독은 책임감독관이 회장의 재청에 의하여 배정한다. 책임 감독관 및 시험감독은 공정한 시험 감독에 대한 서약서를 제출한다.

② 실기시험

평가위원	정회원 중 능력이 인정되는 자를 회장이 위촉하며, 위촉된 평가위원은 실기 평가 시, 서약서를 제출한다.
시험의 범주	준비 평가, 에스프레소 평가, 카푸치노 평가, 서비스 기술 평가
시험방식	기술적 평가와 감각적 평가로 구분하며, 1인의 피 평가자를 3인의 평가자가 평가
시험시간	준비 및 시연시간 15분
시험준비	실기고사장 책임자는 원활한 시험이 진행될 수 있도록 기계 점검, 비품 및 소모품 준비에 최선을 다해야 한다.

(사)한국커피바리스타협회

1. 협회 자격 개요

한국능력교육개발원 산하 및 업무 제휴한 국내 교육 전문 기관이며, 2016년 등록되어 커피 자격증을 관리한다. 2급, 1급, 커피마스터, 와인 소믈리에, 핸드드립, 라테 아트 등의 자격증을 다룬다.

2. 응시자격

① 대한민국 국민이면 누구나 응시 가능, 학력, 경력, 연령 제한 없음

② 외국인도 응시가 가능, 단 통역은 본인 해결

③ 장애인 필기시험 면제 신청 방법

• 필기 응시가 어려운 경우 소정 기간의 교육을 이수하면 필기 면제 가능

　※ 단, 장애인 할인율 적용과 필기 면제는 중복 적용 불가

• 서류 : 장애인교육기관의 신고필증, 장애인복지카드, 관련 교육의 출석부(36시간 이상의 교육이수 확인)

3. 자격검정

구분	검정 과목	검정 방법			합격 기준	응시료
필기	• 커피학개론 • 커피기계학 • 커피추출원론 • 매장관리서비스	• 시간 50분, 50문항 출제 • 객관식 4지선다형			100점 만점 기준, 60점 이상 합격 (30문제 이상)	30,000원
실기	• 에스프레소 1잔 • 카푸치노 1잔 • 카페아메리카노 1잔 • 카페라테 1잔	총 25분			100점 만점 기준, 60점 이상 합격	50,000원
		준비 10분	조리 10분	정리 5분		

4. 필기시험

검정 전 홈페이지에서 온라인 필기 검정 시행과 방법 확인 후 시험을 진행할 수 있다.

5. 실기 심사과징

필기 검정에 합격한 자에 한하여 응시할 수 있다.

(사)한국관광음식문화협회

1. 협회 자격 개요

2013년 등록된 바리스타 자격 관리 기관으로, 2급 · 1급, 핸드드립 마스터, 커피 로스팅 마스터, 스페셜 바리스타, 커피 강사 자격증 등이 있다.

2. 2급 자격의 활용도

수준	자격 활용 현황
커피에 대한 기본 지식 바탕으로 커피음료를 제조(커피 추출, 카푸치노, 커피음료 등)하고 고객에게 서비스하는 일련의 과정을 수행하는 업무에 종사할 수 있는 기본수준	• 커피전문점을 비롯한 다양한 형태의 외식업계에 진출 • 커피 관련 취업, 창업 교육 • 해외 취업

3. 2급 검정 기준

① 커피 관리의 기본 이론을 이해하였는지를 검정하는 기초 수준

② 커피기계 운용, 에스프레소 추출 및 에스프레소 음료, 커피음료 제조 등 에스프레소와 카푸치노를 판매할 정도의 수준으로 한정된 범위 내에서의 커피음료를 제조하는 능력을 갖춘 기초 수준

4. 2급 검정 방법 및 합격 기준

① 응시 자격 : 제한 없음

② 검정 방법

구분	검정 과목	검정 방법
필기	• 50분간 총 60문제 • 사지선다형 객관식 A, B형	• 총점 100점 중 60점 이상 • 시험시간 50분 • 난이도 중 · 하
실기	• 5분 준비과정 • 10분간 시연 • 에스프레소 4잔, 카푸치노 4잔 • 기술 평가, 감각 평가, 복장 · 위생 · 서비스 평가	• 기술심사위원 100점 • 감각심사위원 100점 • 기술(100점)+감각(100점)=200점 만점으로 각각 60점 이상 * 단, 심사위원 중 단 1명이라도 60점 미만일 경우 실격처리

③ 2급 검정 과목

검정 방법	검정 과목(분야 또는 영역)
객관식	에스프레소 음료제조, 커피로스팅, 커피생두선택, 커피음료제조, 커피추출운용, 커피기계운용, 커피매장영업관리, 커피기계수리, 커피테이스팅, 커피블렌딩, 라테 아트, 커피원두선택, 커피매장운영
작업형	• 기술 평가 : 준비 평가, 에스프레소 평가, 카푸치노 평가, 위생 평가, 중요 평가 • 감각 평가 : 에스프레소 평가, 카푸치노 평가, 서비스 평가, 시연시간 평가

(사)한국외식음료협회

1. 협회 자격 개요

커피바리스타 자격검정은 커피에 대한 이론 및 접객능력, 각 추출 테크닉 등의 실기 능력의 습득으로 커피 전문점 종사에 활용할 수 있는 능력을 평가하는 검정이다. 본 협회는 커피바리스타 1급, 커피바리스타 2급, 스페셜 바리스타 세 등급으로 운용 중에 있다.

2. 시험 과정

필기 접수 → 필기 검정 → 실기 접수(필기 합격자) → 실기 검정 → 자격증 취득

3. 응시 자격

자격 제한 없음, 누구나 응시 가능(외국인의 경우는 통역 본인 해결)

4. 응시 방법

① 개별 인터넷 접수
② 개인정보보호를 위해 아이핀 인증 후 홈페이지 회원가입
③ 회원가입 완료 후 검정 일정 및 검정장 확인 후 검정 접수

5. 커피 바리스타 자격검정 안내

급수	구분	검정 과목	시험유형			합격 기준	응시료
스페셜	실기	• 에스프레소 2잔 • 카푸치노 2잔	준비	시연	정리	• 기술 평가 • 맛 평가 (100점 만점 기준 70점 이상)	50,000원
			10분	10분	5분		
2급	필기	• 커피학개론 • 커피실무이론	총 60문항(60분) 4지선다형(객관식)			100점 만점 기준 60점 이상	30,000원
	실기	• 에스프레소 2잔 • 카푸치노 2잔	준비	시연	정리	• 구술 평가 • 기술 평가 • 맛 평가 (100점 만점 기준 70점 이상)	50,000원
			5분	10분			
1급	필기	• 커피학개론 • 서비스 실무 • 카페메뉴 • 기계관리 • 카페창업	총 30문항(60분) 4지선나형/단답형			100점 만점 기준 70점 이상	60,000원

<table>
<tr><td rowspan="2">실기</td><td>• 에스프레소 2잔
• 디자인카푸치노 2잔
• 디자인카페라테 2잔
* 결하트, 로제타, 튤립(2잔 이상) 중 선택하여 동일한 디자인으로 제작</td><td>준비</td><td>시연 및 정리</td><td rowspan="2">• 기술 평가
• 맛 평가
(100점 만점 기준 70점 이상)</td><td rowspan="2">90,000원</td></tr>
<tr><td>10분</td><td>15분</td></tr>
</table>

6. 이론 시험 출제기준(2급)

과목	주요항목	세부항목	출제 비율
커피 이론	커피의 이해	커피의 의의, 커피의 기원, 커피의 역사, 커피의 전파, 국가별 커피문화, 커피나무의 구성	5%
	커피의 제조	열매의 수확, 열매의 가공방법, 배합(Blending), 배전, 분쇄, 추출	25%
	커피의 분류	커피의 품종, 산지별 종류 및 특징	25%
	커피의 성분과 효능	커피와 건강, 커피의 활성성분, 커피의 영양성분, 커피의 의학적 기능, 커피와 다이어트	5%
	커피의 보관법	커피의 신선도, 신선도 저해요인, 커피의 산패, 유통기한	5%
	커피의 맛과 향	커피의 맛과 향, 맛과 향의 용어, 향미와 로스팅의 관계, 커피 평가에 의한 분류	5%
	커피의 부재료 및 조화 음식	커피 맛을 더하는 부재료, 커피맛 내기, 커피와 어울리는 음식	5%
	커핑 테스트	커핑의 이해, 맛과 향 기본평가용어, SCAA테스트	5%
	바리스타 해설	바리스타의 의의, 바리스타가 되기 위한 준비, 바리스타 직업의 이해, 필수 커피 용어 해설	5%
	기타 커피추출테크닉	각종 커피추출기법	10%

SCA(Specialty Coffee Association)

1. 협회 개요

1982년 뉴욕에 설립된 미국 스페셜티 커피 협회 (SCAA, Specialty Coffee Association of America)와 1998년 영국 런던에서 조직화 된 유럽 스페셜티 커피 협회(SCAE, Specialty Coffee of Europe) 가 2017년 통합되어 SCA가 출범하였다. 전 세계 스페셜티 커피 업 계의 단합과 더 나은 커피 체인을 만들기 위해 그리고 고품질 커피 성 장, 보호, 공급 등에 헌신하며 더 나아가 현실적이면서 세분화된 교육 을 설계히며 기르치고 있디.

2. SCA의 교육과정

▲ SCA 커리큘럼 세분화

3. 협회 자격 개요

바리스타 스킬(Barista Skills), 브루잉(Brewing), 그린커피(Green Coffee), 로스팅(Roasting), 센서 리(Sensory Skills) 5개 카테고리에 각각 3단계 파운데이션, 인터미디어트, 프로페셔널(Foundation, Intermediate, Professional Level)로 세분화되어, 총 15개의 과정이 있고, 각각의 과정마다 학위 (Diploma)가 주어진다. 감독관(또는 공인 트레이너)인 SCA AST(Authorized SCA Trainer)에 의해서 교육 및 평가가 이루어진다.

IBS(Italian Barista School)

1. 협회 개요

이탈리아 북동부 베네토주 브레시아에 본부를 두고 한국, 대만, 일본 등 해외 여러 나라에 지부와 아카데미를 두어 이탈리아 바리스타 기술과 정통 메뉴를 가르치고 보급하는 이탈리아 커피 기관이다.

2. 교육과정

이탈리아 정통 에스프레소 및 카푸치노 제조법, 커피 칵테일 제조 등을 4가지 단계(Professional, Premium, Masterclasses, Home)에서 교육을 한다. 세부적으로는 이탈리아 문화 및 커피학 개론, 에스프레소의 이해, 이탈리아 지역에 따른 커피 맛의 차이, 커피 머신 세팅 및 추출, 라테 아트, 칵테일 등이다.

GCS(Global Coffee School)

1. 협회 개요

미국에 본사를 두고 전 세계 21개국 40여개 도시에서 바리스타 교육을 하는
해외 기관이며, 커피를 추출하는 것 뿐만 아니라 국제 표준이 정한 방법, 과학
적인 분석, 향미 평가, 고객과의 소통 등으로 프로페셔널 바리스타 양성을 목
표로 한다.

2. 교육과정

바리스타(Barista), 음료 크리에이터(Beverage Creator), 로스팅(Roasting), 향미 평가(Classfying), 브루잉
(Brewing), 바텐더(Bartender) 6개 과정에서 3단계(Level 1, 2, 3)로 세분화되어 있다.

PART 1

핵심 이론

Chapter 1

커피학 개론

❶ 커피의 특성

❶ 커피 열매의 구조

외과피(Outer Skin) 〉 과육(Pulp) 〉 점액질(Mucilage) 〉 내과피(Parchment) 〉 은피(Silver Skin) 〉 생두(Green Bean)

❷ 피베리(Peaberry)

커피 체리 안에 한 개의 생두만 들어있는 경우로, 단 맛이 더 우수한 편이다.

❷ 커피의 역사

❶ 커피의 기원설

- 칼디의 전설 : 에티오피아 목동 칼디가 자기가 기르던 염소들이 빨간 열매를 먹고 평소와 다른 행동을 하는 것을 보고 커피를 발견하였다.
- 오마르의 전설 : 유배생활을 하던 이슬람 장로 오마르는 새들이 빨간 열매를 먹는 것을 보고 이 열매를 이용하여 사람들을 치료하였다고 전해진다.
- 모하메드의 전설 : 병을 앓던 이슬람 선지자 모하메드는 꿈에 나타난 천사 가브리엘의 계시를 받아 커피를 발견하였다.

❷ 커피에 대한 최초의 기록

9세기 아라비아 의학자 라제스의 문헌에 처음 등장하였으며, 분춤(Bunchum) 또는 분카(Bunca)로 소개되었다.

❸ 커피의 명칭

이슬람어 카와(Qahwah), 터키어 카흐베(Kahve)로 변화하였다.

❹ 커피의 전파

- 예멘은 커피를 처음으로 경작, 재배한 나라이며, 모카 항구는 당시 최대 커피 교역항이었다.
- 오스만튀르크(현 튀르키예)의 이집트 정벌을 계기로 튀르키예로 커피가 들어왔고, 1517년 수도 콘스탄티노플에 최초의 커피하우스가 개장되었다.
- 이탈리아 최초 커피 하우스는 1645년 베네치아에 오픈하였고, 1720년 오픈한 카페 플로리안은 현존하는 가장 오래된 카페 중의 하나이다.

- 네덜란드 : 1616년 예멘 모카에서 커피 묘목 밀반출하여 암스테르담 식물원에 이식하였다가 1658년 식민지인 실론, 1696년 인도네시아 자바에 커피를 재배한 나라이다.
- 카페 드 프로코프(Café de Procope) : 프랑스 파리 최초의 커피 하우스이다.
- 거트리지(Gutteridge) 커피하우스 : 1691년, 보스턴에 개장한 미국 최초의 커피 하우스이다.
- 보스턴 차 사건 : 미국이 차 소비 문화에서 커피로 전환하게 된 결정적 사건을 말한다.
- 손탁 호텔 커피하우스 : 우리나라의 경우에는 1902년, 최초로 커피 하우스가 운영되었다.
- 로얄 소사이어티(Royal Society) : 영국왕립협회라고 불리며, 영국에 존재하는 가장 오래된 사교클럽 중의 하나로 옥스퍼드 커피하우스에서 결성되었다.

③ 커피 관련 인물

❶ 바바 부단(Baba Budan)

예멘에서 커피 종자를 훔쳐 인도로 전파한 인물

❷ 교황 클레멘트 8세

커피에 세례를 주어 커피가 유럽으로 본격적으로 퍼지게 된 계기가 된 인물

❸ 게오르그 콜쉬츠키(Georg Kolschizky)

오스트리아를 침공했던 오스만 제국과의 전쟁에서 오스트리아에 승리의 공을 세운 댓가로 빈 (비엔나)에 1683년 최초로 커피하우스를 연 인물

❹ 파스콰 로제(Pasqua Rosee)

1652년 런던 최초로 커피하우스를 시작한 인물

❺ 고종 황제

우리나라 역사상 가장 먼저 커피를 접하였다고 기록되어 있으며, 덕수궁 내에 '정관헌'이라는 서양식 목조 정자를 지어 커피를 즐겼다고 전해지는 인물

❻ 바흐(Bach)

1732년 커피 칸타타(Coffee Cantata)를 작곡한 음악가

❼ 발자크(Balzac)

매일 커피 80잔씩 마시며 희극을 완성한 커피 애호가이자 프랑스 대문호

❹ 커피 병충해

❶ 커피 녹병(Coffee Leaf Rust)

현존하는 가장 치명적인 커피 병충해로, 1870년 이후로 실론, 인도, 인도네시아의 아라비카 커피 산지를 황폐화시켰다.

❺ 커피의 품종

❶ 식물학적 분류

- 커피는 1753년에 스웨덴 생물학자 린네(Carl von Linne)에 의해 다년생 상록 쌍떡잎식물로 분류가 되었다.
- 커피 열매는 복숭아, 자두, 호두같이 과육 안에 씨앗이 들어있는 핵과로 분류된다.

❷ 커피의 3대 원종

아라비카(Arabica), 카네포라(Canephora), 리베리카(Liberica)

❸ 아라비카와 로부스타의 비교

구분	아라비카	로부스타
원산지	에티오피아	콩고
염색체 수	44개	22개
번식	자가수분	타가수분
재배 기온	15~24℃	24~30℃
적정 강수량	1,500~2,000mm	2,000~3,000mm
체리 숙성기간	6~9개월	9~11개월
재배 고도	800~2,000m	800m 이하
카페인 함량	약 1.4%	2.2~4.0%
용도	원두커피	인스턴트, 캔커피, 블렌딩
맛과 향의 특징	풍부하고 개성있는 맛과 향	쓰고 구수한 맛

❹ 아라비카의 주요 품종

- 티피카(Typica) : 아라비카 원종에 가장 가깝고 좋은 향과 산미가 있으나, 커피녹병 등 병충해에 취약하여 생산성은 낮다.
- 버번(Bourbon) : 부르봉 섬(지금의 레위니옹)에서 발견된 자연 돌연변이종. 콩이 작고 수확량은 티피카에 비해 30% 많으며, 커피는 산미와 바디감이 조화롭다.
- 카투라(Caturra) : 1935년 발견된 버번의 돌연변이종. 녹병에 강하고 나무의 크기는 2m로 작은 편이며 높은 생산성을 자랑한다.
- 문도 노보(Mundo Novo) : 1943년 브라질에서 발견된 버번과 티피카 계열의 수마트라종의 자연 교배종. 병충해에 강하지만 성숙 기간이 길고 나무의 키가 크다.

- 카투아이(Catuai) : 문도노보와 카투라의 인공교배종. 병충해와 강풍, 가뭄 등에 강하지만, 향미는 큰 특징이 없고 커피나무의 수명이 10년 정도로 짧다.
- 마라고지페(Maragogype) : 1870년 브라질에서 발견된 티피카의 돌연변이종으로 나무의 덩치와 콩의 크기가 매우 커서 '코끼리 콩'이라고도 불린다. 생산성은 낮고 향미의 큰 특징은 없다.
- 카티모르(Catimor) : 1959년 포르투갈에서 개발한 HdT(아라비카와 로부스타의 자연교배종)와 카투라의 인공교배종. 커피녹병에 강하고 조기수확과 다수확이 가능하다.
- 게이샤(Geisha) : 에티오피아 게샤(Gesha) 마을에서 발견된 야생 품종으로, 파나마에서 개발하여 2000년대 초 등장한 화려하고 개성이 강한 품종으로 현재 세계 최고가 품종으로 유명하다.

⑥ 커피 원산지

❶ 커피 벨트(Coffee Belt)

적도를 중심으로 북위 25°와 남위 25° 사이에 위치한 열대, 아열대 지역으로 커피가 재배되는 생산지역을 말하며 커피 존(Coffee Zone)이라고도 한다.

❷ 에티오피아

아라비카 커피의 원산지로 커피 기원설로 알려진 지역이다. 자연에서 저절로 자란 커피나무로부터 재배가 시작되었다. 건식법(70%)과 습식법(30%)으로 커피를 가공하며 시다모(Sidamo), 하라(Harar), 짐마(Jimma), 예가체프(Yirgacheffe), 리무(Limu) 등에서 생산된다.

❸ 케냐

19세기 말 영국의 식민지배 아래에 커피가 들어와 재배하기 시작하였다. 주로 아라비카종, 특히 SL28, SL34 품종을 주로 재배하며 밸런스 있는 커피로 스페셜티 시장에서 중요한 위치에 있는 커피 생산국이다. 니에리(Nieri), 메루(Meru), 키암부(Kiambu) 등지에서 생산된다.

❹ 탄자니아

아라비카 80%, 로부스타 20% 정도를 생산하며, 킬리만자로(Kilimanjaro) 지역의 커피가 유명하다.

❺ 예멘

높은 고도에 위치한 산지에서 계단식으로 커피를 재배한다. 전통적인 건식법으로 커피를 재배하며, 사나(Sana'a), 하자(Hajjah), 라이마(Raymah) 등지에서 주로 재배한다. '모카 마타리(Mocha Mattari)' 커피가 유명하다.

❻ 인도

1670년경 바바 부단에 의해 커피 재배가 시작되었다. 로부스타를 주로 생산하며, 몬순 남서 계절풍에 건조시킨 몬순 커피(Mosooned Coffee)가 유명하다.

❼ 인도네시아

1876년 실론(현 스리랑카)에서 시작된 커피녹병이 전염되어 아라비카 산지가 황폐화된 이후 로부스타 생산으로 전환되었으며, 현재 로부스타 90%, 아라비카 10%를 생산하고 있다. 수마트라(Sumatra), 자바(Java), 발리(Bali), 술라웨시(Sulawesi) 등지에서 생산되며, 만델링 커피가 유명하다. 그리고 사향고양이 배설물을 이용한 루왁 커피가 희소성과 독특한 맛과 향 때문에 비싸게 거래된다.

❽ 베트남

세계 2위의 커피 생산국가로 1857년 프랑스에 의해 커피가 유입되었다. 거의 로부스타를 생산하며 낮은 단가 때문에 상업적 수요에 부합하여 세계 커피 산업과 커피 물가에 큰 영향을 끼치고 있다.

❾ 하와이

화산지형과 북동 무역풍으로 커피 재배에 적합하며 미국의 적극적인 투자와 장려, 적은 생산량으로 인해 고급 커피로 자리 잡았다. '코나(Kona)' 커피가 유명하다.

❿ 브라질

세계 최대 커피 생산국이면서 드물게 커피 소비도 많은 나라이다. 80%의 아라비카와 20%의 로부스타를 생산하는데 다른 생산국에 비해 비교적 낮은 지대의 대규모 농장에서 재배하며, 주요 생산지로는 미나스 제라이스(Minas Gerais), 세라도(Cerrado), 에스피리토 산투(Espirito Santo), 상파울루(Sao Paaulo) 등이다.

⓫ 콜롬비아

아라비카종만을 재배하며, 워시드와 일부 세미 워시드 방식으로 커피를 생산한다. 우일라(Huila), 메데인(Medellin), 마니살레스(Manizales), 아르메니아(Armenia) 등지에서 커피를 재배한다.

⓬ 코스타리카

로부스타 재배가 불법이며, 주로 세미 워시드, 허니 프로세스 방식으로 커피를 생산한다. 타라주(Tarrazu) 지역이 가장 유명하며, 그 외 산호세(San Jose), 웨스트 밸리(West Valley), 센트럴 밸리(Central Valley) 등이 주산지에 해당한다.

⓭ 파나마

19세기말 유럽 이민자로부터 커피가 유입되었으며, 게이샤(Geisha) 커피가 유명하다. 보케테(Boquete) 지역 등에서 생산된다.

⓮ 과테말라

화산 지형의 높은 산지에서 재배한다. 안티구아(Antigua), 우에우에테낭고(Huehue tenango), 누에보 오리엔테(Nuevo Oriente) 등이 주요 산지이다.

⓯ 단일 국가 중에서 가장 커피 소비가 많은 나라

미국 〉 독일 〉 일본 〉 러시아

※ 커피 소비가 가장 많은 지역은 북유럽이다.

⓰ 커피 생산국 순위

브라질 〉 베트남 〉 콜롬비아 〉 인도네시아 〉 에티오피아

⓱ 기타

- 지속 가능 커피(Sustainable Coffee)란 1989년~2000년 초까지 지속된 커피 가격 하락으로 커피 생산국들이 어려움을 맞던 시기에 등장한 개념으로, 친환경 커피 농사를 짓고 각 농가에 적절하게 보상이 돌아가게끔 공정 무역 커피, 유기농 커피, 조류 친화적 커피, 열대우림 커피 등을 모두 포함하는 포괄적 개념이다.
- 국제 커피 기구(ICO)가 정한 '커피 이어(Coffee Year)'의 산정 기준일은 매년 10월 1일이다.

❼ 커피의 재배 및 가공

❶ 커피 산지의 토양

테라로사(Terra Rossa)	석회암의 풍화작용으로 형성된 적색 토양
테라록사(Terra Roxa)	현무암과 휘록암이 풍화된 자색 토양
라테라이트(Laterite)	열대지방이나 온난다습한 사바나 기후 지방의 적색 풍화토
레구르토(Regur Soils)	현무암이 풍화된 다공질의 흑색 토양

❷ 커피나무의 번식 및 성장 과정

파치먼트 파종 → 묘판(Nersery)에서 묘목으로 성장 → 커피밭에 이식 → 개화(이식하고 2~3년 후, 개화기간 2~3일) → 커피 열매 → 수확 → 가공 → 생두(Green Bean)

❸ 그늘 재배(Shade Grown)

일조량을 줄이고, 강한 햇볕을 막아주기 위해 다른 나무를 같이 심어 재배하는 방식으로 Shade Tree를 이용하는 것을 말한다. 반대 개념으로 Sun Grown Coffee가 있다.

❹ 커피 수확 방법

핸드 피킹(Hand Picking)	손으로 하나하나 잘 익은 체리만을 선별하여 수확
스트리핑(Stripping)	체리 가지를 한 번에 훑어서 수확
기계 수확(Mechanical Picking)	낮은 고도의 대농장에서 기계를 이용해 한꺼번에 수확

❺ 커피의 가공 방법

건식법(Dry, Natural)	커피 체리를 수확하여 펄프(과육)을 벗기지 않고 건조
습식법(Wet, Washed)	수확한 커피 체리를 과육을 벗겨내고(펄핑), 발효과정을 통해 점액질을 벗겨낸 후 파치먼트 상태로 건조
펄프드 내추럴(Pulped Natural)	펄핑을 한 후 점액질이 있는 상태로 건조
세미 워시드(Semi Washed)	점액질 제거를 발효과정을 통하지 않고 물에 씻어서 건조

※ 커피 체리 100kg을 수확하여 가공 과정을 거친 후 얻을 수 있는 생두의 양은 건식, 습식 모두 20kg 정도이다.

❻ 커피를 가공하는 목적

수분함량 50~60% 내외에서 12% 정도로 낮춰서 보관과 유통을 용이하게 하기 위해서이다.

❼ 탈곡 과정

- 허스킹(Husking) : 건식 가공된 커피의 파치먼트를 제거하는 과정
- 헐링(Hulling) : 습식 가공 파치먼트를 제거하는 것
- 폴리싱(Polishing) : 실버스킨(은피)를 벗겨내는 과정, 하와이 코나 커피의 특징

❽ 수확 시기에 따른 생두의 구분

뉴 크롭(New Crop)	수확한 지 1년 이내의 생두. 가장 청록색이며, 수분함량 13% 이하
패스트 크롭(Past Crop)	수확하고 1~2년 사이의 생두
올드 크롭(Old Crop)	수확한지 2년 이상 오래된 생두. 수분함량 9% 이하

❾ 생두의 포장과 보관

습식법 커피는 건식법 커피에 비해 보관 기간이 더 짧다. 생두는 보통 통기성이 좋은 황마 등의 소재로 된 백에 담아 보관하며, 국제적인 포장 단위는 1포대에 60kg이지만, 일부 국가는 자국 포장 기준을 사용한다(❹ 콜롬비아 1백=70kg).

❿ 커피의 단계별 명칭

커피 열매(Coffee Cherry), 생두(Green Bean), 홀빈(Whole Bean, 분쇄하지 않은 상태의 원두), 그라운드 빈(Ground Bean, 분쇄된 원두)

⓫ 디카페인 커피(Decaffeinated Coffee)

1819년 독일 화학자 룽게가 최초로 커피에서 카페인 분리에 성공하였으며, 1903년 독일 로셀리우스가 상업적 카페인 제거 기술을 개발하였다.

물 추출법	생두를 물에 담그거나 뜨거운 물을 이용하여 카페인을 제거한다. 화학약품을 사용하지 않아 가장 안전하며, 추출된 카페인의 순도가 높아 다시 재사용이 가능하다.
용매 추출법	벤젠, 클로로포름, 디클로로메탄 등 유기용매를 이용하여 카페인을 분리한다. 미량의 용매 성분이 커피에 잔류하는 문제가 있다.
초임계 추출법	액체 CO_2를 생두에 침투시켜 카페인을 제거하는 것으로, 설비 비용이 많이 든다.

⑧ 커피의 재배 및 가공

❶ 생두의 분류 기준

생두의 크기, 재배고도, 결점두

❷ 크기에 따른 분류

1 스크린 사이즈는 1/64인치로, 0.4mm 정도이다. 스크린 사이즈 13 이하는 피베리에 해당한다.

콜롬비아	Supremo 〉 Excelso 〉 UGO(Usual Good Quailty)
케냐, 탄자니아	AA 〉 A 〉 B 〉 C 〉 PB(Peaberry)
하와이	Extra Fancy 〉 Fancy 〉 No.1 〉 Select 〉 Prime
자메이카	Blue Mountain No.1 〉 Blue Mountain No.2 〉 Blue Mountain No.3

❸ 재배고도에 따른 분류

재배고도가 높을수록 밀도가 높아서 높은 등급으로 평가한다.

과테말라	SHB(Strictly Hard Bean) 〉 FHB 〉 HB 〉 SH
코스타리카	SHB 〉 GHB 〉 HB
멕시코	SHG(Strictly High Grown) 〉 HG 〉 PW 〉 GW
온두라스	SHG 〉 HG 〉 HB 〉 CS

※ 그 외 엘살바도르, 니카라과, 에콰도르 등이 있다.

❹ 결점두(Defect Beans)에 따른 분류

커피 재배, 가공, 보관, 유통 등 모든 단계에서 자연적 및 관리 소홀로 생기는 비정상적인 콩인 결점두 개수에 따라 분류한다.

브라질	No.2 〜 No.8 (NY2 〜 NY8)
인도네시아, 에티오피아, 예멘, 베트남 등	Grade 1 〜 6

※ 브라질은 결점두 개수 외에 맛에 의한 분류 기준도 있는데 Strictly Soft 〉 Soft 〉 Softish 〉 Hard 〉 Riada 〉 Rio 〉 Zona 순으로 표기한다.

❺ SCA 분류

SCA(Specialty Coffee Association, 스페셜티 커피협회) 기준 생두 350g, 원두는 100g에서 크기 편차는 5% 이내여야 하고, 10~12% 이내 수분함량, 외부의 오염된 냄새는 없어야 하고, 퀘이커는 단 한 개도 없어야 하며, 커핑을 통해 프래그런스/아로마, 플레이버, 산도, 바디, 애프터테이스트에서 각각 독특한 특징이 있어야 하며, 향미 결점이 없어야 한다. 스페셜티 등급과 프리미엄 등급으로 나뉜다.

※ 퀘이커(Quaker) : 안 익었거나 덜 익은 콩을 수확한 경우. 로스팅 했을 때 다른 콩에 비해 현저히 밝은 색을 나타낸다.

• SCA 기준 결점두

Dried Cherry/Pods	잘못된 펄핑이나 탈곡. 콩의 일부 또는 전체가 검은 외피에 싸임
Insect Damaged	해충이 생두에 파고 들어가 알을 낳은 경우. 벌레 먹은 구멍
Fungus Damaged	보관 상태에서 곰팡이 발생. 누렇거나 퍼런 색깔을 띰
Black Bean	늦은 수확 또는 흙과 접촉하여 발생. 콩 전체 또는 일부가 검은색
Sour Bean	너무 익거나 땅에 떨어진 또는 과발효 체리. 콩이 붉거나 황갈색
Foreign Matter	돌, 나뭇잎, 나무 조각 등 커피 이외 이물질
Hull/Husk	잘못된 탈곡이나 선별 과정. 드라이 체리 일부분이 섞여 있음
Parchment	불완전한 탈곡. 콩의 일부 또는 전체가 파치먼트가 덮인 상태
Broken/Chipped/Cut	잘못 조정된 장비 또는 과도한 마찰력. 깨진 콩 또는 그 파편
Floater	잘못된 보관, 건조. 색깔이 연하고 밀도가 낮음
Immature/Unripe	덜 익은 상태에서 수확. 은피가 말라붙은 상태
Withered	발육기간 수분 부족. 옅은 녹색 또는 표면의 많은 주름
Shell	유전적 원인. 콩의 안쪽이 떨어져 나가 바깥쪽만 남은 상태

• 분류 등급

프라이머리 디펙트 (Category 1 Defect)	향미에 크게 영향을 끼치는 결점두	Full Black, Full Sour, Dried Cherry/Pods, Fungus Damaged, Severe-Insect Damaged, Foreign Matter
세컨더리 디펙트 (Category 2 Defect)	향미에 적게 영향을 끼치는 결점두	Partial Black, Partial Sour, Broken/Chipped/Cut, Hull/Husk, Parchment, Floater, Withered, Shell, Immature/Unripe, Slight-Insect Damaged

Chapter 2

로스팅

❶ 로스팅의 이해

❶ 로스팅

생두에 열을 가해 물리, 화학적 반응을 일으켜 수많은 성분의 형성, 분해과정을 통해 향미와 맛을 만들어내는 과정이다.

❷ 로스팅의 물리적 변화

수분 증발, 무게 감소, 밀도 감소, 조직의 다공질화, 부피 증가, 색상의 변화, 커피 오일

❸ 로스팅의 화학적 변화

마이야르 반응	아미노산과 환원당 사이에 일어나는 화학반응 수많은 방향족 화합물과 갈색의 멜라노이딘 생성
캐러멜화	자당이 캐러멜당으로 변화하면서 황색으로 변화

※ 클로로겐산에 의한 갈변 반응 : 원두의 색깔이 변화하는 또 하나의 반응으로, 클로로겐산류와 단백질 및 다당류와의 반응으로 갈색 색소를 형성한다.

❹ 로스팅의 열전달 방식

전도, 대류, 복사

❺ 로스팅 과정

건조 → 열분해 → 냉각

❻ 크랙

로스팅 과정 중에 들을 수 있는 두 번의 파열음으로 팝 또는 팝핑이라고 한다.

- 1차 크랙 : 생두 내부의 수분이 열과 압력에 의해 기화하면서 발생하는 것이다.
- 2차 크랙 : 목질 조직의 파괴가 일어나며 이산화탄소가 방출된다.

❼ 로스팅 단계 분류

	SCA 분류	일본식 분류	명도값(L)
#95	Very Light	Light	31.2
#85	Light	Cinnamon	27.3
#75	Moderately Light	Medium	24.2
#65	Light Medium	High	21.5
#55	Medium	City	18.5
#45	Moderately Dark	Full City	16.8
#35	Dark	French	15.5
#25	Very Dark	Italian	14.2

※ 로스팅이 강할수록 원두 표면의 색상이 어두워져 명도값(L)은 감소한다.

❽ 로스팅에서의 성분의 변화

- 탄수화물 : 커피에서 가장 많은 비중을 차지하는 성분으로 당류 중에서 가장 많은 자당은 로스팅 후에는 대부분 소실된다. 아라비카 종이 로부스타보다 더 많다.
- 지질 : 아라비카가 로부스타보다 많으며, 아로마의 상당 부분을 형성하는 성분이다. 높은 온도에도 안정적이라 로스팅 전후 성분 비율이 크게 변하지 않는다. 대부분 트리글리세라이드 형태이다.
- 단백질 : 유리아미노산은 로스팅 과정에서 단당류와 반응하여 멜라노이딘과 향기 성분으로 바뀐다. 단백질의 아미노산은 마이야르 반응에 관여하는 주성분이다.
- 산 : 커피의 신맛을 담당하며, 유기산 성분의 일부는 커피의 쓴맛과도 관련이 있다. 시트르산, 퀸산, 말산, 아세트산, 타타르산 등이 있고, 유기산 성분 중에서 가장 많은 클로로겐산은 갈변 반응을 일으키는 성분이고, 로스팅 초반에 급속히 감소하면서 퀸산과 카페산으로 바뀐다. 로부스타 종에 더 많이 함유되어 있다.
- 카페인 : 끓는 점이 178℃로 열에 비교적 안정적이라 로스팅 중 일부가 소실되긴 하지만 원두에서 차지하는 비중은 크게 변하지 않는다. 커피 쓴맛 성분 중 10%를 카페인이 담당한다. 로부스타 종이 아라비카에 비해 함량이 더 많다.
- 트리고넬린 : 커피 쓴맛 성분 중 약 25% 정도를 차지하며, 열에 불안정하여 로스팅에 진행됨에 따라 급속히 감소한다. 쓴맛 이외에도 캐러멜의 단맛, 흙과 같은 아로마 형성에도 기여한다.
- 무기질 : 커피에 함유된 무기질 중에서 칼륨이 40% 정도로 가장 비중이 크고, 그 외 인, 망간, 칼슘, 나트륨 등이 있다.
- 비타민 : 티아민(비타민B1), 아스코르브산(비타민C)은 로스팅 과정에서 거의 파괴되며, 니아신, 비타민12, 엽산은 열에 의한 영향을 덜 받는다. 니아신은 로스팅 후 오히려 더 많은 함량을 보이는데 이는 로스팅 도중 트리고넬린이 분해되어 니아신이 생성되기 때문이다.
- 휘발성 화합물 : 커피의 향기를 구성하는 성분으로 로부스타보다 아라비카에 더 많다. 로스팅이 진행될수록 일정 단계까지는 증가하다가 그 후에는 오히려 감소한다.

❷ 로스팅 방법 및 과정

❶ 로스팅 열원의 종류

가스(LNG, LPG), 전기, 숯

❷ 로스터기의 종류

직화식	전도열을 이용
열풍식	대류열을 이용
반열풍식	전도열과 대류열을 이용. 현재 상업적으로 가장 많이 사용

❸ 로스팅 머신의 구조

- 호퍼 : 생두를 투입하는 깔대기 모양 투입구
- 드럼 : 생두가 들어가 회전, 교반되면서 로스팅이 이루어지는 부분
- 댐퍼 : 연통 사이를 개폐하여 드럼 내부의 공기 흐름과 열량을 조절해주는 장치
- 사이클론 : 로스팅할 때 발생하는 실버스킨(채프)나 미세민지 등을 모아서 가벼운 것은 배출하고, 무거운 것은 아래로 쌓아 제거해주는 장치
- 샘플러 : 로스팅을 하는 도중에 드럼에서 소량의 원두를 꺼내어 볼 수 있는 기구
- 쿨러 : 로스팅이 끝난 원두를 빠르게 냉각시켜주는 장치
- 버너 : 가스, 전기, 숯, 적외선 등의 열원으로 로스터 내부(드럼)에 열을 가하는 장치
- 조절 스위치/온도계 : 로스터의 전원, 화력 세기 조절, 온도계 등이 부착된 조절 및 패널 장치

❹ 로스팅 방법에 따른 구분

고온 단시간 로스팅	열풍, 반열풍 방식으로 높은 온도에서 단시간에 로스팅하는 것을 말한다. 가용성분이 더 많이 추출된다. 향미가 강하지만 잡미가 느껴질 수 있다.
저온 장시간 로스팅	직화식 로스터기 사용에 적절하며 낮은 온도에서 장시간에 걸쳐 로스팅한다. 향미는 약하지만 지속력이 강하다. 풋내 등 잡미가 없다

※ 중간 로스팅 : 저온 장시간과 고온 단시간을 혼용한 방법을 말한다.
　더블 로스팅 : 두 번에 걸쳐 로스팅한다.
　혼합 로스팅 : 여러 생두를 미리 블렌딩하여 한 번에 로스팅한다.

❺ 로스팅 진행 과정 : 생두 투입 → 흡열반응 → 발열반응 → 배출 및 냉각

- 생두 투입 : 예열된 드럼에 생두를 투입한다. 드럼의 온도와 생두의 온도가 열평형을 이룰 때까지 로스터기 온도가 떨어지다가 다시 상승을 시작하는 단계인 터닝 포인트에 이르게 된다.
- 흡열반응 : 생두가 열을 흡수하는 흡열반응으로 넘어가면서 색상 변화 및 팽창이 시작된다. 150℃가 넘어서면 마이야르 반응과 캐러멜화 진행되며 플레이버가 형성된다.
- 발열반응 : 원두의 온도가 200℃ 근처에 이르면 1차 팝핑(수증기 방출), 220℃ 근처에서는 2차 팝핑(이산화탄소 방출)이 발생하고, 더 진행될수록 쓴맛의 비중이 높아진다.
- 배출 및 냉각 : 원하는 로스팅 포인트에서 빠르게 배출하여 쿨링 트레이에서 냉각시킨다.

❸ 로스팅 디펙트와 블렌딩

❶ 로스팅 디펙트

티핑	원두 일부분에 구멍이 생기거나 타는 것으로 강한 화력으로 빠르게 로스팅했을 때 발생한다.
스코칭	과열되어 드럼과 생두 접촉면에 과한 열이 전달되어 원두 표면이 타거나 검게 그을리는 것이다. 적은 양의 생두를 투입하거나 적절히 드럼이 교반되지 않을 때에도 발생한다.
칩핑	원두 표면이 분화구처럼 떨어져 나간 상태를 말한다. 1차 크랙과 2차 크랙 사이에 너무 많은 열이 공급되었을 때 발생한다.
베이크드	원두의 색상 변화와 팽창이 잘 이루어지지 않는다. 투입 온도가 너무 낮거나 열량이 부족하여 화학적 반응이 덜 일어난다.
언더 디벨롭	원두 표면이 밝고 내, 외부 색상 편차가 크다. 풋내, 풀 향기의 잡내가 느껴진다. 1차 크랙에서 부족한 열량으로 인해 발생한다.
오버 디벨롭	원두 표면에 커피 오일이 지나치게 흘러나오는 것으로, 쓴맛과 탄맛이 강하게 느껴진다. 너무 강한 화력으로 로스팅 또는 2차 크랙 이후 오랫동안 로스팅이 지속 될 경우 발생한다.

❷ 블렌딩

서로 다른 특성의 커피를 혼합하여 개성 있는 향미와 질감을 가진 새로운 커피를 만들어내는 작업이며, 블렌딩을 하지 않고 한 국가에서 생산한 한 종의 커피는 싱글 오리진 또는 스트레이트 커피라고 한다.

❸ 블렌딩의 장점

새로운 향미 창조, 안정적인 품질 유지, 원가 절감

❹ 선 블렌딩(Blending Before Roasting)

생두를 미리 혼합한 후 한 번에 로스팅한다. 원두 색상이 균일하고, 재고 관리에 용이하여 다수의 로스팅 업체에서 선호하는 방식이다.

❺ 후 블렌딩(Blending After Roasting)

각각의 생두를 따로 로스팅한 후에 섞는 방식으로 로스팅 색상이 균일하지 않으며, 효율성이 떨어지며 재고 관리 면에서 어려운 단점이 있다.

Chapter 3 분쇄와 추출

① 커피 분쇄 및 그라인더

❶ 커피 원두를 분쇄하는 이유

물과 만나는 원두 표면적을 넓혀서 고형 성분이 쉽게 용해되도록 하기 위해서이다. 분쇄된 원두 가루는 산패 속도가 빨라지기 때문에 커피 추출 직전에 하는 것이 가장 이상적이다.

❷ 그라인더 선택 시 유의할 점

균일한 분쇄도, 발열 및 미분의 최소화

❸ 그라인더 날의 종류

간격식	플랫	빠른 분쇄속도, 많은 마찰열, 에스프레소 및 영업용
	코니컬	느린 분쇄속도, 적은 마찰열, 드립용
	롤러	대량 분쇄 및 인스턴트 제조 산업용
충격식	블레이드	균일하지 않은 분쇄, 가정용

② 커피 추출과 물에 대한 이해

❶ 커피 추출의 3단계

침투 → 용해 → 분리

❷ 추출 방법에 따른 분쇄도 정도

체즈베(이브릭) 〈 에스프레소 머신, 에어로프레스 〈 모카포트 〈 더치(콜드브루), 사이폰 〈 핸드드립 〈 프렌치프레스

❸ 물의 역할

커피 추출에 적합한 물은 50~100ppm의 무기물이 함유된 물이 적합하다. 물 맛이 좋고, 신선하며, 적당한 경도, 그리고 미네랄 함유량이 낮을수록 좋다.

❹ 물의 경도

물에 함유된 석회질(탄산칼슘)의 양을 측정한 수치로 경도가 높은 물은 커피 맛의 깊이와 단맛을 떨어뜨리고, 에스프레소 머신 내부에 석회질 찌꺼기가 쌓일 수 있다. 반대로 경도가 너무 낮은 물은 에스프레소 머신 내부에 구멍을 발생시킬 수 있다.

※ 물과 커피의 비율 : SCA에서 권장하는 적정 커피 농도는 1.15~1.35%, 추출수율은 18~22%이다.

❸ 다양한 커피 추출 방법

❶ 침출(침지)식 추출 방식

커피 가루에 물을 붓고 일정 시간 동안 우려내는 방식으로, 체즈베(이브릭), 프렌치 프레스, 사이펀 등이 이에 해당한다.

❷ 여과(투과)식 추출 방식

커피 가루에 물을 붓고 통과시켜 고형 성분을 분리시키는 방식으로 보통 필터를 사용한다. 핸드 드립, 커피메이커, 모카포트, 워터 드립, 에스프레소 머신 등이 여기에 해당한다.

❸ 필터 드립(핸드드립)

- 처음에는 융(플란넬)이라고 하는 섬유 조직을 이용하여 커피 가루를 걸러서 먹은 것이 시초였고, 종이 필터는 1908년 독일 멜리타 벤츠 부인이 처음 개발하였다. 드리퍼는 멜리타, 칼리타, 하리오, 고노 등의 다양한 드리퍼를 사용한다.
- 드리퍼 내부의 홈과 돌기를 리브(Rib)라고 하는데, 물을 부었을 때 공기가 빠져나가는 통로 역할을 하며, 리브가 많을수록 추출 속도가 빨라진다.

❹ 사이펀(Syphon)

정식 명칭은 배큠 브루어(Vacuum Brewer)이고, 증기 압력과 진공 흡입 원리를 이용하며, 열원은 알코올 램프, 할로겐 램프, 가스 등이다.

❺ 모카포트

'스토브 탑 에스프레소 메이커'라고도 불리며, 이탈리아 비알레띠에 의해 고안된 가정용 에스프레소 추출 기구이다.

❻ 프렌치 프레스

굵게 분쇄한 커피가루를 용기에 넣고, 뜨거운 물을 부은 후 일정 시간 우려낸 후 플런저를 눌러 커피 가루와 추출액을 분리시켜 추출하며, 주로 금속 필터를 사용하여 커피의 오일 성분까지 같이 느낄 수 있어 바디감은 좋으나 커피 가루도 섞일 수 있어서 텁텁한 느낌을 주기도 한다.

❼ 이브릭/체즈베

튀르키예식 가장 오래된 추출 방법으로, 곱게 분쇄한 커피 가루와 물을 함께 끓여 달여서 부어 마시는 형태로, 에스프레소 머신보다 더 가늘게 원두를 분쇄하는 특징이 있다.

❽ 콜드 브루(더치)

상온의 물로 장시간 추출하는 방법으로 방울방울 물을 떨어뜨려 추출하는 점적식과 찬물에 커피 가루가 담긴 망을 넣고 우려내는 침출식 방법이 있다. 특유의 발효취가 있으며, 뜨거운 커피에 비해 오히려 카페인 함량이 더 높다.

❾ 에어로프레스

플런저에 압력을 가해 챔버에 담긴 물을 밀어내어 추출하며 공기압 프레스 방식과 필터 여과 방식이 결합한 형태이다. 추출이 빠르게 이루어지며 휴대가 간편한 장점이 있다.

❿ 케맥스

독일 출신 화학자 피터 쉴럼봄에 의해 개발된 모래시계 형태의, 드리퍼와 서버 상하부 일체형 추출도구이며, 일반적인 드리퍼에 비해 리브가 없고 에어 채널이 있긴 하지만, 다른 드리퍼에 비해 물 빠짐이 좋지 않다.

⓫ 핀(Phin)

곱게 분쇄한 커피 가루를 용기에 넣고 스트레이너로 평평하게 한 후 뜨거운 물을 부어 천천히 추출시킨 후 보통 연유와 함께 즐기는 베트남 커피 추출 방식이다.

④ 커피 보관 및 포장

❶ 커피의 산패

로스팅 후의 원두가 공기 중의 산소와 지속적으로 접촉, 산화하면서 그 맛과 향이 변질되는 것을 말하며, 증발 → 반응 → 산화의 3과정을 거친다.

❷ 원두의 산패 요인

산소	원두 보관 용기 내 소량의 산소만으로도 완전 산화된다.
습도	로스팅한 원두는 습기를 잘 흡수한다.
온도	보관 온도가 높을수록 산화속도가 촉진된다.
햇볕	화학 반응에 촉매 작용을 하여 산패를 촉진시킨다.
분쇄도	분쇄 상태의 원두는 홀빈보다 약 5배 정도 빨리 산패가 진행된다.
로스팅 정도	다크 로스팅 원두는 흘러나온 오일이 더 많고 더 다공질이어서 산패 진행이 빠르다.
발열	분쇄할 때 그라인더 날에서 발생하는 마찰열은 산화 반응을 촉진시킨다.

❸ 커피 보관 방법

향기 보존, 빛 차단, 산소 차단, 습도 차단을 목적으로 하며, 커피 포장 재질은 보향성, 차광성, 방기성, 방습성 4가지 조건을 갖추어야 한다.

❹ 커피 포장 방법

진공 포장	분쇄 원두 포장에 많이 사용하며, 금속 캔 또는 복합필름 포장용기를 사용하여 밀봉한다.
압축 포장	포장지 내 가스를 제거하여 압축 밀봉하는 방법이다.
밸브 포장	용기 내 가스는 배출시키고 외부 산소 습기는 차단한다. 아로마 밸브라고도 한다.
불활성 가스 포장(질소)	주로 질소를 가압하여 용기 내에 삽입한다. 가장 보관 기간이 길다.

에스프레소와 커피 음료

1 에스프레소

❶ 에스프레소의 정의

커피 입자를 가늘게 하고 대략 30초 안에 강한 압력(9bar)정도의 힘으로 30ml 소량의 커피를 추출하며, 수용성 성분 외에 비수용성 성분도 함께 추출된다.

원두의 양	약 7g (원 샷)	추출 압력	9±1bar
추출 온도	90 ~ 95℃	추출 시간	약 20~30초
추출량	30±5ml	pH	5.2

❷ 바리스타(Barista)

'바 안에 있는 사람'이란 뜻의 이탈리아 용어로 '바 안에서 알코올 음료를 만드는 바텐더(Bartender)'와 구분되어 커피의 추출과 원두의 선택, 커피 머신 활용, 고객 서비스까지를 통칭하여 일컫는다.

❸ 크레마(Crema)

에스프레소의 대표적인 특징으로 9bar의 강한 압력으로 인해 커피의 오일 성분이 거품처럼 유화되어 생기며, 커피가 빨리 식는 것을 방지하고 커피 향의 보존성을 높인다.

❹ 에스프레소의 물리적인 특징

물과 비교했을 때 밀도 증가, 전기전도도 증가, 표면 장력 감소, 점도 증가, pH 감소이다.

❺ 에스프레소 머신의 역사

1901년	이탈리아 루이지 베제라(Luigi Bezzera)가 증기압을 이용한 최초의 에스프레소 머신 특허
1947년	아킬레 가찌아(Achille Gaggia)에 의해 피스톤 압축식 9기압 머신 발명으로 크레마 발견
1960년	페마(Faema)에 의해 전기모터펌프를 이용한 추출 자동화 개발

❻ 에스프레소 머신의 발전

진공방식 → 증기압 방식 → 피스톤 방식 → 전동펌프 방식

❼ 에스프레소 머신

- 보일러 : 전기 열선 내장으로 물을 가열하여 온수와 스팀을 공급한다. 본체는 동으로 되어 있고, 내부는 부식 방지를 위해 니켈 도금되어 있다. 전체 용량의 70%는 온수, 30%는 스팀이 저장되어 있다.
- 그룹 헤드 : 포터 필터가 장착되어 커피가 추출되는 부분으로, 안쪽에 샤워 홀더, 가스켓, 샤워 스크린으로 구성되어 있다. 샤워 홀더(또는 디퓨저)는 물을 4~6개의 물줄기로 나눠주고, 가스켓은 고압의 물이 새지 않도록 고무로 되어 있는 부품이다. 샤워 스크린은 샤워 홀더를 통과한 물을 미세하고 수많은 물줄기로 분산시켜 포터필터 원두를 골고루 적셔 커피가 추출되도록 한다. 포터필터(필터홀더)는 온도 유지를 위해 동으로 만들어진다.
- 로터리 펌프(펌프 모터) : 모터가 회전하면서 물을 빨아들여 공급해주는 장치이며, 압력을 7~9bar로 올려주는 역할을 한다.
- 솔레노이드 밸브 : 물의 흐름을 통제하는 부품으로 보일러에 유입되는 찬물과 보일러 내부의 뜨거운 물의 추출을 조절한다.
- 플로우미터(유량계) : 커피 추출 시 물의 양을 감지하는 부품으로, 수동 머신에는 없으며, 자동 추출 기능이 있는 머신에서만 볼 수 있다.
- 수위감지봉과 워터 레벨 게이지 : 보일러 내부에 있는 수위감지봉은 보일러 내부의 물을 70% 정도로 유지시켜주는 장치이며, 워터레벨 게이지는 머신 전면부에 위치하여 보일러 내부 물의 수위를 표시해준다.

❽ 에스프레소 머신의 종류

수동 머신	사람의 힘으로 피스톤을 작동시켜 커피를 추출하는 것으로, 레버가 달린 최초의 머신 형태를 말한다.
반자동 머신	별도의 그라인더를 통해 원두 분쇄 및 추출이 이루어진다.
자동 머신	메모리칩이 있어 물량을 자동으로 세팅할 수 있다.
전자동 머신	그라인더가 내장되어 있어 별도의 패킹 작업 없이 메뉴 버튼만으로 다양한 커피 추출이 가능하다.

❾ 에스프레소 머신 기타 도구

- 탬퍼 : 분쇄된 커피 가루를 다져 주는데 사용하며, 일반 탬퍼, 압력 탬퍼, 핸들리스 탬퍼 등이 있다. 스테인리스, 플라스틱, 알루미늄 등으로 만들어진다.
- 넉 박스 : 커피 가루 및 커피 퍽을 버리는 통을 말한다.
- 탬핑 매트 : 탬핑 작업 시 포터필터를 받쳐주는 매트이다.
- 도징 툴 : 일관된 주출을 위해 사용하는 보조 도구로써 도징 링, 침칠봉, 디스트리뷰터 등이 해당된다.

❷ 에스프레소 추출

❶ 채널링 현상

에스프레소를 추출할 때 분쇄된 원두가 포터필터에 균일하지 않게 채워졌을 때 생기는 현상으로 탬핑할 때 수평이 안 맞거나, 충격으로 크랙이 가는 등 여러 경우에 생길 수 있으며, 그 결과로 불균형적인 커피가 추출된다.

❷ 에스프레소 잔

데미타세(Demitasse)	두꺼운 도자기로 된 60~80ml의 에스프레소 전용 잔
샷글라스(샷잔)	눈금이 있어 용량에 맞춰 추출할 때 사용하는 글라스 잔
벨크리머	스테인리스 재질로 되어 샷을 추출할 때 사용하는 잔

❸ 에스프레소 추출 순서

- 에스프레소 머신 예열 : 예열을 위해 머신에 전원을 미리 공급하여 준비한다.
- 잔 준비 : 사용할 잔 종류를 확인하고 예열한다.
- 그라인더 세팅 : 원두에 맞게 그라인더 분쇄도를 맞춘다.
- 원두 팩킹 : 그룹헤드에서 분리한 포터필터를 건조, 청결하게 한 뒤에 그라인더를 작동시켜 적정량의 원두를 담는다(도징). 레벨링 툴 또는 손, 스틱 등을 이용하여 포터필터 내 원두를 평평하게 만든다(레벨링). 탬퍼를 이용하여 수평에 맞춰 적정의 압력으로 원두가루를 눌러준다(탬핑).
- 포터필터 가루 털기 : 포터필터 가장자리 원두가루 털어내고, 추출 버튼을 눌러 추출수를 몇 초가량 흘려보낸다. 샤워 스크린에 묻어 있는 찌꺼기를 제거하고 적절한 추출 온도를 유지하기 위함이다.
- 장착 및 추출 : 부드럽고 신속하게 포터필터를 그룹헤드에 장착한 후 잔을 내리고 추출을 시작한다.
- 마무리 : 원하는 추출시간, 추출량에 맞춰서 추출을 끝내고, 포터 필터 내 커피 찌꺼기(커피 퍽)을 넉 박스에 버린 후 다시 청결하게 한 후에 온도 유지를 위해 포터필터에 결합시켜 둔다.

❹ 에스프레소 추출 결과

구분	과소 추출	과다 추출
분쇄도	굵을수록	가늘수록
탬핑 강도	약하게 탬핑한 경우	강하게 탬핑한 경우
원두 투입량	적은 경우	많은 경우
추출 온도	낮은 온도	높은 온도
추출 압력	높은 압력	낮은 압력
추출 시간	짧을수록	길수록
필터 바스켓 상태	오래 사용하여 구멍이 넓어진 경우	필터 구멍이 막힌 경우

- 정상 추출은 일반적으로 추출 시간 20~30초, 추출량 25~35ml를 권장한다.
- 과소 추출은 정상 시간보다 빨리 추출되어 많은 양이 담기고 성분이 적게 추출된 경우를 말한다. 과소 추출된 에스프레소는 시큼하고 밍밍한 맛이 나며 크레마는 연한 베이지 색깔을 보인다.
- 반대로 과다 추출은 정상 시간보다 느리게 오래 추출되어 적은 양이 담기고, 부정적인 성분까지 추출된 경우를 말하며 원두로부터 너무 많은 불필요한 부정적인 향과 맛까지 추출되어 쓰고 불쾌한 맛이 나며, 검은색의 크레마가 만들어진다.
- 정상 추출된 에스프레소의 크레마는 적갈색을 띠며, 크레마 두께는 2~4mm, 크레마 거품 지속시간은 1~2분 정도이다.

❸ 에스프레소 음료

❶ 에스프레소 메뉴

- 에스프레소 솔로 : 원두와 물의 비율이 1:2인, 일반적인 에스프레소를 말하며 모든 에스프레소 메뉴의 기본이 된다.
- 더블 에스프레소 또는 도피오 : 투샷 50~60ml의 양을 에스프레소 잔에 제공한다.
- 리스트레또 : 추출시간을 짧게 하여(약 15초 정도) 15~20ml 정도의 적은 양을 추출하는 농도가 진한 커피를 말한다.
- 룽고 : 에스프레소 솔로에 비해 추출 시간을 길게 하고 추출량을 두 배 정도(40~50ml) 늘린 것을 말한다.
- 에스프레소 마키아또 : 에스프레소 위에 우유 거품을 소량 얹어서 부드러움을 추가한 메뉴. 마키아토는 '점', '얼룩진'이란 뜻이다.
- 에스프레소 꼰 빠냐 : 에스프레소 위에 휘핑크림을 얹어 에스프레소의 진하고 뜨거운 맛과 차가운 크림의 부드럽고 단맛을 같이 느낄 수 있다.
- 아메리카노 : 에스프레소 샷에 뜨거운 물을 섞은 음료로, 연한 커피를 먹던 미국인(미국군인)이라는 의미로 알려져 있다.
- 카페 라테 : 에스프레소에 스팀 우유와 약간의 거품을 섞은 음료이며, 우유 양이 더 많이 들어가기 때문에 커피 맛보다는 우유 맛이 강하다.
- 카푸치노 : 에스프레소에 스팀 우유와 실키한 많은 양의 거품을 얹어 마시는 음료로, 커피 맛이 카페 라테에 비해 강하다.
- 카페 오레 : 드립으로 추출한 커피에 따뜻한 우유를 섞어 마시는 프랑스식 커피 음료이다.
- 플랫 화이트 : 에스프레소에 마이크로 폼의 우유 거품을 살짝 얹어서 마시며, 8oz 정도의 잔에 에스프레소 투 샷을 넣기 때문에 커피의 풍미가 강한 호주식 커피 음료이다.
- 아인슈패너 : 아메리카노 위에 휘핑크림을 듬뿍 얹은 커피이며, 오스트리아 빈(비엔나)에서 유래하여 비엔나 커피로도 불린다.

- 카페 샤케라토 : 에스프레소와 얼음, 설탕을 쉐이커에 넣고 흔들어 거품을 만든 다음 잔에 부어 에스프레소의 진한 맛과 부드러운 거품을 함께 즐기는 차가운 커피 음료이다.
- 카페 프레도 : 잘게 간 얼음이 들어간 잔에 에스프레소를 부어 만드는 아이스 에스프레소 메뉴이다.

❷ 술과 커피가 만난 음료

- 아이리쉬 커피 : 커피에 위스키를 넣어 몸을 따뜻하게 하는 칵테일이며, 2차 세계 대전 이후 아일랜드 한 술집에서 유래하였다.
- 깔루아 커피 : 멕시코에서 생산되는 아라비카 커피와 사탕수수 혼합으로 만든 증류주에 바닐라, 캐러멜 등을 더하여 맛을 낸 음료이다.
- 커피 에그녹 : 북미 지역에서 주로 크리스마스 시즌에 즐겨 마시며, 커피, 달걀, 크림, 술을 혼합하여 만든다.
- 에스프레소 마티니 : 쉐이커에 얼음, 보드카, 깔루아, 차가운 에스프레소를 넣고 흔들어 글라스에 따라 마신다.
- 카페 로얄 : 나폴레옹이 즐겨 마셨다고 전해지는 카페 로얄은 브랜디, 각설탕, 적정량의 커피가 혼합된 음료이고, 브랜디에 불을 붙여 화려한 장면을 연출할 수 있다.

④ 우유 스팀

❶ 우유

우유의 약 88%는 수분이며, 우유에서 지방질만 분리한 것은 크림, 크림 이외의 부분은 탈지유(Skimmed Milk), 우유에서 지방을 분리하지 않은 원래 상태의 우유를 전유(Whole Mlik)라고 한다.

❷ 우유의 살균 방법

초고온 멸균법(UHT)	우유를 130~150℃ 온도로 0.5~5초 고압 가열. 미생물이 완전 사멸 유통기한이 가장 길고 상온 보관 가능. 유산균과 비타민 파괴. 맛이 떨어지는 단점
고온 단시간(HTST)	72~75℃ 의 온도로 15초 가열. 유산균과 일부 단백질 파괴 제조 시간 면에서 효율적
저온 장시간(LTLT)	62~65℃에서 30분간 가열. 제조 비용이 많이 들고 많은 처리 시간 소요 원유의 풍미, 단백질, 유산균 등에 큰 변화를 주지 않음. 파스퇴르 살균법

❸ 우유의 성분

- 단백질 : 우유 단백질의 80%는 카세인, 그 외 유청 단백질, 리포 단백질, 비단백태질소화합물 등이다. 우유를 스팀할 때 거품 형성에 가장 중요한 역할을 한다.
- 지방 : 글리세라이드, 인지질, 스테롤과 지용성 비타민, 유리지방산 등이다. 우유를 스팀할 때 지방은 거품의 유지력을 높이는 역할을 한다.

- 당질 : 우유의 당질 99%는 유당이며 유당은 95% 이상의 알코올, 에테르에 녹지 않으며 냉수에도 용해되지 않은 성분이다. 젖당분해효소 락타아제에 의해 글루코스와 갈락토스 등의 단당류가 된다. 유당은 체내 칼슘 흡수를 촉진하는 물질이다.
  ※ 유당불내증(Lactose Intolerance) : 소장의 점막상피세포의 외측막에 락타아제가 결손되면 유당 분해, 흡수가 제대로 되지 않아 장관을 자극, 통증을 유발하는 것을 말한다.
- 무기질 : 뼈와 치아를 구성하는 칼슘과 인이 풍부하다.

❹ 우유 스티밍

에스프레소 머신 보일러 내의 수증기를 이용하여 우유를 데우고 거품을 만드는 과정이며, 스티밍의 관건은 의도한 밀크 폼의 두께, 부드러운 정도, 적정 온도이다.

- 예비 스팀 분사 : 머신 스팀 정상 작동 유무 확인, 노즐 구멍의 이물질 제거 등의 목적으로 머신 안쪽으로 분사한다.
- 공기 주입 : 우유가 든 스팀피처에 스팀 노즐 팁을 담근 채로 스팀을 시작하면서, 피처를 부드럽게 내리면서 공기주입을 해준다. 우유의 온도가 40℃가 되기 전에 공기주입을 끝내는 것이 좋다.
- 혼합 및 가열(롤링) : 더 이상 공기가 늘어가지 않도록 스팀 노즐 팁의 위치를 우유에 조금 더 담그고, 생성된 거품과 우유가 잘 혼합되도록 해준다. 원하는 온도가 되었을 때 스팀을 종료한다. 우유의 온도가 70℃가 넘으면 단백질이 변성되고 황화수소가 발생되어 비릿한 가열취가 나기 때문에 그 전에 스티밍을 끝내야 한다.

❺ 우유 거품 따르기

- 크레마 안정화 : 라테아트 또는 카푸치노 푸어링을 할 때 스티밍된 우유를 에스프레소와 혼합한다. 잔의 절반 정도가 찰 때까지 에스프레소와 혼합시켜준다.
- 밀크폼 띄우기 : 스팀 피처와 잔의 높이를 1~2cm 정도 유지한 채로 충분하고, 일정한 유량으로 거품을 띄워준다. 이때 피처 핸들링의 변화를 주어 다양한 패턴을 만들 수 있다.

❻ 베타-락토글로불린

가열에 의해 변형되기 쉬운 단백질로 우유를 40℃ 이상으로 가열할 때 생성되는 얇은 피막의 주성분이다. 더 높은 온도로 가열하여 생기는 비릿한 가열취의 원인이 되는 성분이기도 하다.

Chapter 5

커피 향미 평가

① 커피 관능 평가

❶ 플레이버(Flavor, 향미)

커피를 마셨을 때 느껴지는 향기와 맛의 복합적인 느낌으로 후각, 미각, 촉각으로 나뉜다.

❷ 후각

- 향 생성 원인에 따라

효소 작용	식물상태 자연적인 효소에 의해. Flowery, Fruity, Herby
갈변 반응	로스팅 화학반응에 의해. Nutty, Caramelly, Chocolaty
건열 반응	로스팅 후반부 열에 의해 섬유질이 반응. Turpeny, Spicy, Carbony

- 향을 맡는 단계에 따라

Fragrance	분쇄된 커피 향기. Flower
Aroma	물에 젖은 커피 향기. Fruity, Herbal, Nut-like
Nose	마실 때 느껴지는 향기. Candy, Syrup
Aftertaste	마신 후 입 뒤쪽에서 느껴지는 향기. Spicy, Turpeny

※ 커피 전체 향기를 총칭하여 부케(Bouquet)라고 한다.

❸ 커피 향기의 강도

유기화합물의 풍부함과 세기의 척도로 분류하며, Rich 〉 Full 〉 Rounded 〉 Flat의 순이다.

❹ 미각

신맛	지방산, 유기산(클로로겐산, 옥살산, 말산, 시트르산, 타타르산)
단맛	환원당, 캐러멜, 단백질
쓴맛	카페인, 트리고넬린, 카페산, 퀸산, 페놀 화합물
짠맛	산화 유기물(산화인, 산화칼륨, 산화칼슘, 산화마그네슘)

❺ 촉각

입 안의 말초신경과 혀가 커피의 점도와 미끈함을 감지하고, 이 두 가지를 종합한 감각을 바디라고 한다.

- 지방함량에 따라 : Buttery 〉 Creamy 〉 Smooth 〉 Watery
- 고형성분에 따라 : Thick 〉 Heavy 〉 Light 〉 Thin

❻ 커피의 향미 결점

• 수확과 건조 단계

Rioy	요오드 같은 약품 맛이 나는 결점. 커피 열매가 오래 매달려 효소활동을 유발하는 박테리아가 원인
Rubbery	고무냄새가 나는 결점. 커피열매가 부분적으로 마를 때 생성
Fermented	불쾌한 신맛. 효소에 의해 당분이 식초산으로 분해
Earthy	흙냄새 향기 결점. 건조 시에 생두에 흙냄새가 흡수됨
Musty	곰팡이 냄새. 건조 시에 생두가 곰팡이와 접촉
Hidy	가죽 냄새. 기계 건조시 많은 열로 인해 지방이 분해되면서 발생

• 저장과 숙성 단계

Grassy	풀의 아린 맛과 갓 벤 알파파 냄새. 숙성되면서 질소 화학물이 많이 생성
Strawy	건초과 같은 맛의 향미 결점. 보관 기간이 길어지면서 유기물질이 없어지면서 발생
Woody	불쾌한 나무 같은 맛의 결점. 장기간 보관하여 유기화합물이 거의 소멸된 상태

• 로스팅 캐러멜 단계

Green	풀 냄새 맛의 결점. 낮은 열이 공급되어 당–탄소화합물이 제대로 전개되지 않음
Baked	약한 향미와 무미건조한 맛. 낮은 열로 오래 로스팅되어 캐러멜화가 제대로 안됨
Tipped	곡물과 같은 맛의 결점. 열량 공급속도가 빨라 콩의 끝부분이 탐
Scorched	페놀, 피리딘과 같은 향이 느껴짐. 과한 열이 짧은 시간에 공급되어 표면이 타버림

• 로스팅 후 변화 단계

Flat	향이 별로 없는 향기 결점. 산패 진행으로 향기 성분 소멸
Vapid	향이 거의 없는 향기 결점. 유기물질의 소실
Insipid	맥 빠진 맛이 느껴지는 맛 결점. 추출 전 원두에 산소와 습기가 침투하여 플레이버 소실
Stale	불쾌한 맛이 느껴지는 맛 결점. 산소와 습기가 유기물질에 영향 또는 불포화지방산 산화
Rancid	심한 불쾌감이 느껴지는 맛의 결점. 산소와 습기가 침투하여 지방 성분이 산화

• 커피 추출 후 보관 중 변화 단계

Flat	추출 후 보관 과정에서 향기 성분이 소멸
Vapid	유기물질 소실로 Aroma와 Nose 단계에서 향이 거의 나지 않는 향기 결점
Acerbic	강한 신맛을 남기는 맛의 결점. 뜨거운 상태에서 보관하여 클로로겐산이 분해됨
Briny	짠맛이 느껴지는 맛의 결점. 물이 증발하고 무기질 성분이 농축
Tarry	불쾌한 탄맛이 느껴지는 맛 결점. 높은 온도로 오래 두어 단백질이 타면서 발생
Brackish	산화 무기물과 염기성 무기질이 농출되어 나타나는 맛의 결점

❷ 커핑

❶ 커핑(Cupping)

커피 샘플의 맛과 향의 특성을 체계적으로 평가하는 작업을 말한다. 이 일에 종사하는 전문적인 사람을 커퍼(Cupper)라고 한다.

❷ 커핑의 준비(SCA 커핑)

- 샘플 원두는 8~12분 사이로 로스팅 완료, 로스팅 한지 8~24시간 이내, Agtron No. 55~60 로스팅 단계여야 하며 직사광선을 피해 밀봉하여 상온 보관한다.
- 커핑 전 15분 이내에 분쇄하며, 분쇄 굵기는 U.S 매쉬 기준 스크린 20번을 70~75% 통과하는 굵기이고, 추출 수율이 18~22% 가 되도록 가늘게 분쇄한다.
- 커핑에 사용하는 물은 용존 미네랄 100~200ppm이고, 93℃의 물을 사용한다. 물 1ml당 원두 0.055g의 원두를 사용한다.
- 커핑 볼, 커핑 스푼, 커핑 시트 등 기타 준비물을 확인한다.

❸ 커핑 순서

프래그런스(분쇄 원두가루) 체크 → 브레이크 아로마 → 스키밍 → 슬러핑

❹ 커핑 평가

- 프래그런스/아로마(Fragrance/Aroma) : 물을 붓기 전 분쇄된 가루에서 나는 향인 프래그런스와 물을 부었을 때 젖은 커피 향기인 아로마를 구분한다.
- 플레이버(Flavor) : 슬러핑을 통해 입안에 커피를 머금었을 때 느껴지는 향과 맛의 복합적 강도를 말한다.
- 애프터테이스트(Aftertaste) : 입안에 느껴지는 풍미로 커피액의 온도가 70℃보다 조금 낮을 때 평가하는 것이 좋다.
- 산미(Acidity) : 산미의 강약, 좋고 나쁨, 강도 등을 평가한다.
- 바디(Body) : 입안에서 느껴지는 액체의 질감을 가리키며, 원두의 지방성분과 고형성분에 따라 달라지는 부분이다.
- 동일성(Uniformity) : 5개 샘플이 가지는 향과 맛의 균일함을 말한다.
- 밸런스(Balance) : 플레이버, 애프터테이스트, 산미, 감미, 바디의 조화 및 전체적인 느낌을 말한다.
- 클린 컵(Clean Cup) : 커피의 깔끔함, 부정적인 느낌이 적은 정도에 대한 평가이다.
- 감미(Sweetness) : 풍부한 플레이버와 은은한 단맛을 말한다.
- 종합평가(Overall) : 커퍼의 개인적인 주관, 취향이 반영되는 유일한 항목이다.
- 결점(Defect) : 커피 향미에 악영향을 주는 플레이버를 말한다.

- 합계 점수(Total Score) : 프래그런스/아로마, 플레이버, 애프터테이스트, 산미, 감미, 바디, 밸런스, 클린컵, 동일성, 종합평가 10개의 합산 점수이다.
- 최종 평점(Final Score) : 합계 점수에서 결점 점수를 뺀 최종 점수이다. SCA 커핑 규정에서는 Final Score 80점 이상을 스페셜티 커피(Specialty Coffee)로 분류한다.

❺ COE(Cup of Excellence)

1999년 국제 무역기구 산하 국제 커피기구(ICO)에서 품질 좋은 커피를 생산하는 나라들이 제대로 보상받을 수 있도록 만들어진 커피 대회라고 할 수 있다. 브라질 COE, 에티오피아 COE 등 한 국가 안에서 경쟁하는 시스템이다. 소비자에게는 품질 좋은 생두 구입 기회를, 생산자에게는 품질에 따른 적절한 보상을 주어 더 나은 커피 생산의 동기 부여가 되는 시스템이다. COE는 SCA와 다른 커핑 규정에 의해 평가한다.

Chapter 6

커피 서비스

❶ 커피와 건강

❶ 카페인의 효과

각성 효과와 긴장감 유지, 신체 에너지 생성 효과 및 체중 감량, 이뇨 효과, 교감 신경 자극 및 심박수 증가로 부정맥 위험성 증가, 위산 분비 촉진으로 공복에 위궤양 유발, 칼슘 배출이 많아져 폐경기 여성에서 골다공증 위험성 증가, 과다 섭취 및 금단 현상으로 불면증, 두통, 신경과민, 불안감 증세 발생 가능성 등이 있다.

❷ 커피와 콜레스테롤

커피 성분에 포함된 카페스톨(Cafestol)이 콜레스테롤을 증가시킬 수 있다. 커피의 기름 성분이며, 에스프레소 크레마에 많이 포함되어 있다. 종이 필터를 이용하여 커피 오일을 걸러 마시면 콜레스테롤 걱정 없이 커피를 즐길 수 있다.

❸ 커피의 영양학적 효능

- 노화 예방 : 원두커피에 있는 페놀류가 항산화 효과가 있다. 노화예방 및 세포 산화 방지 작용을 한다.
- 체중 감량 효과 : 식이섬유, 펜토산 등 함유로 성인병 예방 및 다이어트 효과가 있다.
- 필수지방산 : 세포의 성장과 신체 발달에 도움을 주는 필수 지방산 중 리놀레산(Linoleic acid)이 함유되어 있다.
- 뇌 기능 활성화 : 칼륨 성분은 나트륨과 균형을 이루어 혈압 유지에 기여하고, 에너지 대사 및 뇌 기능을 활성화하는 물질이다.
- 장 건강 : 커피는 유산균을 활성화하고 장 건강에 도움을 준다.
- 기타 예방 효과 : 커피의 클로로겐산은 혈압과 혈당을 낮추고, 간암 발병률을 낮출 수 있다는 연구결과가 있다.

❷ 위생 관리

❶ 식품위생

식품의 재배, 생산, 제조에서 섭취에 이르기까지 모든 단계에 식품의 안전성, 건전성, 완전 무결성을 확보하기 위해 필요한 모든 수단을 말한다.

❷ 선입선출법

먼저 입고된 것부터 순차적으로 출고되는 개념이며, 식품에서는 먼저 구입한 식재료를 우선적으로 쓰도록 앞쪽에, 늦게 입고된 식재료를 뒤쪽에 보관한다.

❸ 식품의 저장

냉장은 5℃ 이하, 냉동은 −18℃ 이하에서 저장한다.

❹ 물리적 살균 방법

- 자외선 살균 소독 : 살균력이 강한 2,537Å의 자외선을 방출하여 소독하는 것으로 거의 모든 균종에 대하여 효과가 있다.
- 방사선 살균 : Co−60이나 Cs−137 같은 방사선 동위원소로부터 방사되는 투과력이 강한 감마선을 쏘여 세균 등의 DNA를 손상시켜 사멸한다.
- 열탕 소독법 : 끓은 물을 이용하여 소독을 한다.

❺ HACCP(Hazard Analysis Critical Control Point)

위해요소 중점 관리기준으로 식품의 원재료부터 제고, 가공, 보존, 유통, 조리 단계를 거쳐 최종 소비자에게 이르기까지 각 단계에서 발생할 우려가 있는 위해요소를 분석, 관리하여 식품의 안전성을 확보하기 위한 과학적 위생 관리 체계이다.

❸ 병원 미생물 종류에 의한 감염병

❶ 소화기계 감염병

장티푸스, 콜레라, 파라티푸스, 세균성 이질, 폴리오, 유행성 간염 등

❷ 호흡기계 감염병

디프테리아, 백일해, 홍역, 성홍열, 유행성 이하선염, 풍진, 인플루엔자, 중증급성호흡기증후군(SARS), 중동호흡기증후군(MERS), 코로나바이러스감염증(Covid−19) 등

❸ 식중독 3대 예방 원칙

청결, 신속, 냉각 또는 가열의 원칙

④ 매장 관리 및 서비스

❶ 식재료 보관법

식재료를 보관할 시에는 낮은 온도, 햇볕에 노출을 최소화하고, 진공 포장을 한다. 냉장고에 보관 시, 용적률의 70% 이하로 채워야 한다.

❷ 식음료 취급법

차가운 음료는 4℃ 또는 더 낮게 보관하고 뜨거운 음료는 60℃ 또는 더 높게 보관, 유제품은 냉장 보관하고 제조일로부터 5일 이내에 사용한다. 식품 보관은 일반적으로 온도 15~25℃, 습도 65~75%를 유지한다.

❸ 세균이 번식하기 가장 쉬운 온도

25~37℃이므로 주의해야 한다.

❹ 식품 첨가물

식품을 제고, 가공 또는 보존하는 과정에서 식품에 넣거나 섞는 물질을 말한다.

❺ 안전 관리

- 전기로 인한 화재 진압 : 물을 뿌리면 감전의 위험이 있으므로 분말 소화기를 사용한다.
- 지진 발생 시 행동 요령 : 벽면 또는 책상 아래로 몸을 숙여 대피하고 충격에 대비해 기둥 및 손잡이 등의 고정물을 꽉 잡는다. 전화 등을 이용하여 본인의 위치를 119에 알린다.
- 정전 시(전기 관련 사고) : 상황이 진정되면 밖으로 탈출하며, 엘리베이터는 갇힘 사고가 발생할 수 있으므로 사용하지 않는다.
- 엘리베이터에 갇혔을 때 : 내부 인터폰으로 상황을 전파, 구조 요청을 하고 안에 있는 손잡이를 잡은 채로 구조를 기다린다.

❻ 서비스의 기본 자세

프로 의식을 가진다. 고객의 입장에서 서비스한다. 용모는 항상 단정하게 유지한다. 서비스는 신속하고 정확해야 한다. 풍부한 업무지식과 자기 계발을 위해 노력한다.

❼ 고객 응대 요령

밝은 얼굴과 미소로 인사하며 고객을 맞이한다. 단골 고객일 경우 이름이나 직함을 불러 친밀감을 표현하고, 예약 여부와 인원수를 확인한다. 예약 손님이 아닐 경우는 테이블, 장소의 가능 유무를 확인한 후 안내하거나, 웨이팅이 필요한 경우 대기 공간에서 대기하도록 안내 후 순서에 따라 좌석을 배정한다.

❽ 좌석 안내 요령

젊은 남녀 고객은 벽 쪽의 조용한 테이블로, 화려하고 호화로운 고객은 카페의 중앙으로, 혼자 온 고객은 전망이 좋은 곳으로 안내한다. 어린이 동반 고객은 안쪽으로 안내한다.

❾ 주문받는 요령

메뉴 제공은 고객의 옆쪽에서 시계 방향으로 하며, 주문을 받는 순서는 주빈, 여성, 연장자, 직책이 높은 순으로 받는다.

❿ 커피 서비스 요령

커피, 음료 등은 트레이를 이용하여 운반하며 고객의 오른쪽에서 오른손으로 제공한다. 서빙을 할 때에는 여성 고객 우선의 원칙을 지키고, 연장자, 남성 순으로 한다. 잔의 손잡이와 스푼의 손잡이가 고객의 시선에서 오른쪽으로 향하도록 한다. 음료는 완성되면 최대한 신속하게 제공한다.

⓫ 표준 제조법

카페나 음식점에서 사용하는 기준 레시피를 말한다.

⓬ 해피아워(Happy Hour)

영업장에서 하루 중 손님이 드문 시간대를 이용하여 가격을 할인하거나 무료로 음료 및 간단한 간식거리 등을 제공하는 서비스이다.

⓭ 파 스톡(Par Stock)

영업점에서 하루 영업에 필요한 식재료양만큼 준비해두는 것을 말한다.

해설과 함께 풀어보는 출제 예상 문제

01 커피의 기원에 대하여 (　) 안에 들어갈 단어가 옳게 짝지어진 것은?

> 커피는 기원전 7세기경 (　)에서 최초로 발견된 것으로 알려져 있고, 가장 보편적인 커피 발견 신화는 염소지기 목동이었던 (　)의 전설이다.

① 에티오피아, 오마르
② 예멘, 칼디
③ 에티오피아, 칼디
④ 예멘, 오마르

커피 발견 기원설 중 에티오피아 칼디의 전설에 대한 설명이다.

02 커피의 기원설에 해당하지 않는 것은?

① 오마르의 전설
② 모하메드의 전설
③ 시바 여왕의 전설
④ 칼디의 전설

커피의 전설은 칼디의 전설, 오마르의 전설, 모하메드의 전설(가브리엘의 전설) 등이 있다.

03 커피 체리의 구조를 바깥쪽부터 안쪽으로 바르게 나열된 것은?

① 외과피 – 파치먼트 – 과육 – 점액질 – 은피 – 생두
② 외과피 – 파치먼트 – 점액질 – 과육 – 은피 – 생두
③ 외과피 – 과육 – 점액질 – 파치먼트 – 은피 – 생두
④ 외과피 – 과육 – 파치먼트 – 점액질 – 은피 – 생두

바깥쪽부터 외과피 ▶ 과육 ▶ 점액질 ▶ 내과피 ▶ 은피 ▶ 생두의 구조를 가진다.

04 다음 커피 역사적 기록에서 명칭의 변화가 바르게 연결된 것은?

> 커피에 대한 최초의 기록은 아라비아 의학자 (　)의 문헌에서 뜨겁고, 건조한 성질을 지닌 (　)으(로) 소개되어 있고, 시대와 지역을 거치면서 아랍어 (　)와(과) 튀르키예어 (　)으(로) 명칭이 변화하였다.

① 라제스 – 분카 – 카와 – 카흐베
② 칼디 – 분카 – 카와 – 카흐베
③ 라제스 – 분카 – 카흐베 – 카와
④ 바바 부단 – 분카 – 카와 – 카흐베

커피와 관련된 최초의 기록을 남긴 라제스(Rhazes)는 '분춤(Bunchum 또는 Bunca)'로 커피를 소개하였고, 아랍어 '카와(Qahwah)', 터키어 '카흐베(Kahve)'로 그 명칭이 변화하였다.

05 커피를 최초로 수출한 지중해 연안의 항구 도시는?

① 수에즈 ② 메카
③ 모카 ④ 베니스

커피를 처음 경작하고 수출하였던 곳은 6세기경 예멘의 모카(Mocha) 항구이다.

06 아라비아 지역에서 재배되던 커피가 유럽으로 최초로 전파된 도시는?

① 런던 ② 비엔나
③ 파리 ④ 베니스

1600년경 베니스(베네치아)의 상인들에 의해서 유럽으로 커피가 전파되어 1645년 베니스에 최초의 커피하우스가 오픈되었다.

07 커피가 영국에 전파되는 과정에서의 커피하우스에 관한 설명으로 옳은 것은?

① 1652년 파스콰 로제가 런던에 커피하우스를 최초로 오픈하였다.
② 1686년 런던에 오픈한 카페 프로코프가 최초이다.
③ 1650년경 오픈한 카페 플로리안이 최초이고, 현존하는 가장 오래된 카페이다.
④ 영국 최초의 커피숍은 1691년 거트리지 커피하우스로 알려져 있다.

② 카페 르 프로코프(프랑스, 1686)
③ 카페 플로리안(이탈리아, 1720)
④ 거트리지 커피하우스(미국, 1691)

08 이슬람에서 유럽으로 처음 들어올 당시 '이교도의 음료'로 박해를 받던 커피에 세례를 주어 유럽으로 본격적으로 전파될 수 있도록 한 인물은?

① 베네딕토 13세
② 그레고리오 15세
③ 클레멘트 8세
④ 콘스탄티노 2세

카톨릭 문화권이던 유럽에 들어온 이슬람에서 온 커피는 '이교도의 음료'로 박해를 받았으나, 교황 클레멘트 8세의 커피 세례를 계기로 유럽으로 널리 퍼지게 되었다.

09 다음에서 설명하는 국가로 옳은 것은?

이슬람권에서 반출이 엄격히 통제된 커피나무를 인도네시아와 스리랑카에 심고 커피를 재배하는 데 성공하여 대규모 커피 재배를 통해 한동안 커피 생산과 무역을 주도하였다.

① 이탈리아 ② 네덜란드
③ 영국 ④ 프랑스

1616년 네덜란드 상인이 커피나무를 몰래 들여와 암스테르담 식물원에 이식하였으며, 커피 재배에 야심이 있었던 네덜란드는 자국의 식민지인 인도네시아 자바(Java) 섬과 실론(Ceylon, 현 스리랑카) 섬 등에 커피 농장을 만들었으며, 이후 한동안 커피 생산과 무역을 주도하였다.

10 커피의 역사적 사실에 대한 설명으로 틀린 것은?

① 이슬람 승려 바바 부단에 의해서 예멘 모카로부터 인도 남부 지방으로 커피 종자가 밀반출되었다.
② 1500년경 오스만튀르크 제국의 수도였던 콘스탄티노플에 최초의 커피하우스가 들어섰다.
③ 한국 최초의 커피하우스는 덕수궁 안에 있던 '정관헌'이다.
④ 미국은 영국의 영향을 받아 차를 주로 소비하다가 보스턴 차 사건을 계기로 커피 소비가 활발해졌다.

11 다음에서 설명하고 있는 인물로 옳은 것은?

> 커피는 유럽의 많은 예술가에게 사랑을 받았는데, 그중 (   )은(는) '인간희극' 등의 대작을 남긴 위대한 작가이면서, 매일 80잔의 커피를 즐겨 마셨다고 알려진 프랑스의 대문호이다.

① 바흐(Bach)
② 모차르트(Mozart)
③ 루소(Rousseau)
④ 발자크(Balzac)

12 커피를 좋아했던 고종이 덕수궁 내에 우리나라 최초로 로마네스크풍의 목조건물을 지어 커피와 다과를 즐겼다고 하는 이곳은 어디인가?

① 정관헌   ② 석어당
③ 밀다원   ④ 석조전

13 우리나라로 전해진 커피는 상류 일부 계층에서 '가비차' 또는 '가배차'로 불렸으며, 선교사들에 의해 민간으로 전파된 커피는 구한말 서민들에 의해 다른 이름으로 불리었는데 그 명칭은?

① 양탕국(洋湯麴)
② 서탕국(西湯麴)
③ 미탕국(美湯麴)
④ 중탕국(中湯麴)

14 커피의 식물학적 설명으로 옳은 것은?

① 커피나무는 꼭두서닛과에 속하는 다년생 상록 쌍떡잎식물이며 원산지는 예멘이다.
② 커피 체리 안에는 항상 2개의 커피 씨앗이 들어 있다.
③ 커피 열매는 숙성되며 녹색, 빨간색, 노란색으로 익어 간다.
④ 카페인 함량은 아라비카종보다 로부스타종이 더 높다.

15 다음 중 아라비카종에 대한 설명으로 틀린 것은?

① 풍부하고 개성 있는 향을 가지고 있어 주로 원두커피에 사용한다.
② 로부스타종에 비해 재배 조건이 대체로 까다롭고 저지대에서 주로 재배된다.
③ 생두는 납작한 타원형이고 원산지는 에티오피아이다.
④ 염색체 개수는 44개이고, 자가수분을 통해 수정된다.

아라비카는 800m~2,000m의 고지대, 로부스타는 800m 이하의 저지대에서 주로 재배된다.

16 커피나무의 열매를 형태학적으로 분류하였을 때로 적합한 것은?

① 핵과
② 견과
③ 정과
④ 유과

커피 열매는 복숭아, 자두, 호두같이 과육 안에 씨앗이 들어 있는 핵과(Stone Fruits)로 분류된다.

17 커피의 3대 원종에 해당하지 않는 것은?

① 아라비카
② 리베리카
③ 카네포라
④ 티피카

커피의 3대 원종
아라비카, 카네포라(로부스타), 리베리카

18 아라비카종이 아닌 커피는?

① 콜롬비아 수프리모(Colombia Supremo)
② 에티오피아 예가체프(Ethiopia Yirgacheffe) G2
③ 인도네시아(Indonesia) WIB
④ 케냐(Kenya) AA

인도네시아 WIB(Washed Indonesia Bean)는 로부스타 품종이다.

19 다음 중 로부스타에 대한 설명으로 옳은 것은?

① 아프리카 에티오피아가 원산지이며 1895년 학계에 치음 보고되었다.
② 로부스타의 최대 생산 국가는 베트남이다.
③ 카페인 함량이 아라비카보다 훨씬 적어 많은 국가에서 재배 규모를 늘려가고 있다.
④ 체리의 성숙 기간은 아라비카에 비해 짧은 편이다.

① 로부스타는 아프리카 콩고가 원산지이다.
③ 카페인 함량이 아라비카보다 높은 편이다.
④ 로부스타 체리의 성숙 기간은 9~11개월로 아라비카(6~9개월)보다 긴 편이다.

20 아라비카와 로부스타에 대한 비교 설명으로 틀린 것은?

① 로부스타는 아라비카보다 병충해에 더 내성이 있다.
② 아라비카는 타가수분, 로부스타는 자가수분을 한다.
③ 카페인 함량은 아라비카에 비해 로부스타가 더 높다.
④ 아라비카와 로부스타 모두 꽃잎이 흰색이다.

아라비카는 자가수분, 로부스타는 타가수분에 의해 수정을 한다.

21 브라질에서 발견된 티피카의 돌연변이종으로 생두가 커서 '코끼리 콩'이라고도 불리며, 생산성은 낮지만 생두가 크기 때문에 상업적 가치가 있는 품종은?

① 마라고지페　　② 파카스
③ 문도 노보　　④ 카투라

1870년 브라질에서 발견된 티피카의 돌연변이종인 마라고지페(Maragogype)는 다른 품종에 비해 나무의 덩치도 매우 크고 생두도 크기 때문에 '코끼리콩'이라고 불리지만 생산성이 낮고, 향미의 특별한 특징은 없다.

22 이슬람권에서 다른 나라로 커피 종자 유출이 엄격히 제한되던 당시에 순례 도중 메카에서 커피 종자를 밀반출하여 인도 남부에 옮겨 심은 이슬람교 승려는?

① 라제스(Rhazes)
② 게오르그 콜쉬츠키(Georg Franz Kolschizky)
③ 셰이크 오마르(Sheik Omar)
④ 바바 부단(Baba Budan)

이슬람교 승려 바바 부단이 커피 종자를 메카로부터 인도 남부로 밀반출하였다.

23 다음에서 설명하고 있는 품종으로 옳은 것은?

에티오피아 야생 품종으로 시작되어 코스타리카, 과테말라를 거쳐 파나마의 라 에스메랄다 농장에서 개발되어 2004년 세계 시장에 나온 이후로 고가에 거래가 되는 품종으로 화사한 향미가 특징이다.

① 파카마라　　② SL28
③ 카투아이　　④ 게이샤

게이샤(Geisha)는 에티오피아의 게샤(Gesha) 마을 근처에서 발견된 야생 품종이다. 코스타리카, 콜롬비아 등을 거쳐 파나마 에스메랄다 농장을 통해 세상에 등장하면서 유명해졌다. 현재는 파나마, 에티오피아, 콜롬비아, 케냐 등에서 소량 생산하고 있으며, 화려하고, 과일 향이 진하고 강한 개성이 있는 특징이 있다. 현재 세계에서 가장 고가에 거래되는 품종 중의 하나이다.

24 아라비카 품종과 설명의 연결이 옳은 것은?

① 카투라 – 버번의 돌연변이종
② 버번 – 아라비카 원종에 가장 가까운 품종
③ 켄트 – 아라비카와 로부스타의 교배종
④ 카티모르 – 티피카의 돌연변이종

② 티피카 – 아라비카 원종에 가장 가까운 품종
③ 켄트 – 티피카의 돌연변이종
④ 카티모르 – HdT와 카투라의 인공교배종

25 문도 노보와 카투라의 교배종으로 브라질의 주력 품종 중 하나이며, 병충해와 홍수 등에 강한 장점이 있는 품종은?

① 티피카   ② 파카스
③ 카티모르   ④ 카투아이

카투아이
문도 노보와 카투라의 인공교배종으로 1949년에 개발된 브라질의 주력 품종이다. 병충해와 강풍, 홍수, 가뭄에 강하다는 장점이 있지만 향미는 큰 특징 없이 무난한 맛을 낸다.

26 커피 재배에 대한 설명 중 틀린 것은?

① 연평균 22℃ 정도의 온화한 아열대 지역에서 커피 재배가 가능하다.
② 화산지형의 토양은 배수가 잘되고 유기물질, 무기물이 풍부하여 커피 재배에 적합하다.
③ 커피 열매가 잘 자라기 위해서는 햇빛이 직사광선으로 잘 내리쬐는 고지대가 유리하다.
④ 고지대에서 자라는 커피일수록 밀도가 높아 고급 커피로 취급받는다.

커피나무는 직사광선이 닿지 않는 완만한 곳에서 잘 자라며, 커피나무에 닿는 강한 햇빛을 막기 위해 셰이드 트리를 심기도 한다.

27 다음 중 아라비카 재배 지역으로 부적합한 곳은?

① 연평균 기온 15~24℃ 정도의 연평균 강수량 1,500~2,000mm인 지역
② 건기와 우기의 구분이 뚜렷하고 알칼리성 토양인 지역
③ 적도를 기준으로 북위 25°와 남위 25° 사이 아열대 기후의 고지대
④ 화성암, 현무암 등의 풍화 지대로 비옥하고 배수성이 좋은 지역

아라비카 재배에 적합한 토양은 커피의 산미 형성에 도움을 주는 약산성 토양(pH5)이 적합하다.

28 커피를 재배하는 방법 중 하나인 셰이딩(Shading)에 대한 설명으로 틀린 것은?

① 일조량을 줄이기 위해 키가 큰 나무의 그늘 아래에서 재배하는 것을 말한다.
② 커피 열매가 천천히 성숙하므로 커피 품질을 향상시킬 수 있다.
③ 이런 방법으로 생산된 커피를 셰이드 그로운(Shade Grown) 커피라고 한다.
④ 키가 큰 침엽수를 셰이드 트리로 이용하며, 셰이딩 공법을 가장 많이 하는 나라는 브라질이다.

브라질은 주로 저지대 평지의 대형 농장에서 햇볕 경작(Sun-Grown)을 통해 커피를 재배한다.

29 커피를 재배하기에 적합한 토양 환경 중에서 현무암과 휘록암이 풍화되어 보랏빛 색깔을 띠고 브라질 지역 등에서 주로 볼 수 있는 것은?

① 테라록사
② 테라로사
③ 레구르 토
④ 라테라이트

자색 토양은 테라록사(Terra Roxa)에 해당한다.

30 다음 중 커피 재배에 대하여 바르게 설명하고 있는 것은?

① 환경 적응과 발아율을 높이기 위해서 커피 밭에 직접 파종한 후에 성장시킨다.
② 무기질이 풍부한 화산성 토양과 강한 햇볕이 커피 재배에 적합하다.
③ 묘판에 파종하고 발아하면 상태가 양호한 나무를 골라 재배지에 옮겨 심는다.
④ 파치먼트 파종은 비가 많이 오는 우기 때 하면 발아율이 높다.

커피 재배는 묘판에 심고 발아하여 50cm의 묘목이 되면 건기 때 커피밭에 옮겨다 심어서 성장시킨다.

31 커피나무 재배에 보편적으로 이용하고 있는 파종 방법으로 옳은 것은?

① 직파
② 접목
③ 조직 배양
④ 파치먼트 파종

생두를 감싸고 있는 내과피(Parchment)가 있는 상태에서 파종한다.

32 커피나무에서 커피 꽃이 피고 지는 기간은 일반적으로 얼마인가?

① 2~3일
② 7일
③ 10일
④ 20일

커피 꽃의 개화 기간은 2~3일이다.

33 다음에서 설명하는 커피 수확 방법으로 옳은 것은?

잘 익은 커피 체리를 수확할 수 있어 선별도가 높지만 인건비 등 노동력이 많이 들어가고, 주로 워시드 가공 커피를 수확하는 국가에서 많이 사용한다.

① 기계 수확
② 스트리핑
③ 핸드 피킹
④ 가지치기

커피 수확 방법으로는 핸드 피킹, 스트리핑, 메커니컬 피킹(기계 수확)이 있으며, 핸드 피킹이 노동력은 많이 들지만 가장 선별도가 높다.

34 커피나무의 가지치기에 대하여 틀리게 설명하고 있는 것은?

① 키가 큰 나무로 성장시켜 열매를 많이 맺도록 하기 위함이다.
② 수확을 용이하게 하기 위함이다.
③ 격년결실 현상을 완화하기 위해서 실시한다.
④ 열매가 열리는 가지의 성장을 촉진시키기 위해서이다.

커피나무는 아라비카의 경우 5~6m, 로부스타는 10m까지 자란다. 하지만 사람이 수확하기에 원활한 나무의 높이 유지, 가지의 성장 촉진, 격년결실(한 해에 열매가 많이 열리면 다음 해는 열매가 많이 열리지 않는 현상)을 완화하기 위해 가지치기를 한다.

정답　**29** ①　**30** ③　**31** ④　**32** ①　**33** ③　**34** ①

35 커피의 가공 방식 중 다음에서 설명하고 있는 방식은?

> 커피 체리의 과육을 벗기고 건조시켜 커피의 개성 있는 단맛을 지킬 수 있는 가공 방식으로 코스타리카에서 많이 시행하고 있으며, 점액질을 남기는 정도에 따라 옐로, 레드, 블랙 프로세스로 더 세분화할 수 있다.

① 내추럴 프로세스
② 허니 프로세스
③ 세미 워시드
④ 펄프드 내추럴카

내추럴 방식에 비해 덜 익거나 상한 체리가 섞이는 것을 줄여 고품질 커피를 기대할 수 있는 펄프드 내추럴과 유사한 허니 프로세스(Honey Process) 가공법에 대한 설명이며, 코스타리카에서 주로 사용하는 가공법이다.

36 커피의 가공 방식 중 습식법의 순서로 옳은 것은?

① 선별 – 세척 – 펄핑 – 발효 – 점액질 제거 – 세척 – 건조
② 선별 – 세척 – 발효 – 펄핑 – 점액질 제거 – 세척 – 건조
③ 선별 – 펄핑 – 세척 – 발효 – 점액질 제거 – 세척 – 건조
④ 선별 – 펄핑 – 발효 – 점액질 제거 – 세척 – 세척 – 건조

습식법(워시드)은 선별 및 세척 → 펄핑 → 발효 → 점액질 제거 → 세척 → 건조의 순서를 거친다.

37 커피 가공 방식 중 건식법에 대한 설명으로 옳은 것은?

① 물이 풍부한 국가에서 주로 사용하는 방법이다.
② 커피 체리를 수확한 다음 과육을 벗겨 건조하는 방법이다.
③ 건식법으로 생산한 커피는 마일드 커피(Mild Coffee)라고 하며, 향미의 복합성이 뛰어나다.
④ 습도가 높은 국가는 건조 과정 중에 자연 발효가 일어날 가능성이 높아 사용하기 힘들다.

건식법(내추럴) 가공법은 주로 물이 부족한 나라에서 쓰는 방법이며 과육을 벗기지 않은 상태로 건조시기는 방식이다. 습도가 높은 나라에서는 긴조 시 썩거나 자연 발효가 일어나기 쉽기 때문에 사용하기 힘든 가공법이다. 향미의 복합성이 뛰어난 커피는 습식법으로 가공한 커피이다.

38 커피 체리를 수확하고 가공하는 방법에 대한 설명이 잘못된 것은?

① 펄프드 내추럴 방식은 브라질에서 처음 시작되었고, 고품질 커피를 기대할 수 있는 장점이 있다.
② 습식법은 전통적인 정제 방식이며 친환경적이다.
③ 물이 부족하고 햇볕이 좋은 지역에서 주로 이용하는 방식은 건식법이다.
④ 워시드 프로세스로 생산한 커피는 단맛은 적지만 깔끔하면서 향이 지역별로 개성이 있다는 특징이 있다.

습식법은 점액질을 제거할 때 막대한 양의 물이 사용되어 수질 오염 등 환경 문제가 많은 가공법이다.

39 다음 중 가공 후 탈곡하는 과정에 대해 잘못 설명하고 있는 것은?

① 습식 가공된 파치먼트를 벗기는 것을 허스킹이라고 한다.
② 폴리싱은 생두를 감싸고 있는 은피를 제거하는 과정이다.
③ 폴리싱 작업을 하고 나면 중량 손실을 가져올 수도 있다.
④ 프리클리닝(Pre-Cleaning)은 탈곡 전에 이물질, 먼지 등을 제거하는 과정이다.

40 가공된 커피는 미생물의 증식을 막고, 보관과 유통이 용이하도록 수분 함량을 낮추는 건조과정을 거치는데, 이 과정이 끝난 파치먼트 생두의 수분함량은?

① 5% ② 12%
③ 20% ④ 30%

41 생두의 포장, 보관 방법에 대한 설명으로 옳은 것은?

① 생두의 포장 기준은 bag 60kg으로 국제적인 표준을 엄수한다.
② 생두는 보통 공기가 통하지 않도록 진공 포장하여 보관한다.
③ 내추럴 커피는 워시드 커피에 비해 보관 기간이 길다.
④ 콜롬비아의 포장 단위는 60kg이다.

42 디카페인 커피 제조법 중 다음에서 설명하고 있는 것은?

> 1930년대 스위스에서 개발된 탄소 필터를 통해 안전하게 카페인을 제거하는 기술로써, 회수된 카페인의 순도가 높아 다시 음료수나 약품 제조로 사용할 수 있다.

① 물 추출법 ② 용매 추출법
③ 질소 추출법 ④ 초임계 추출법

43 생두 분류 기준에 해당하지 않는 것은?

① 생두 크기
② 재배 고도
③ 생두 무게
④ 결점두 개수

생두의 분류 기준으로는 생두 크기, 재배 고도, 결점두가 있다.

44 생두 분류 기준에 대한 설명으로 틀린 것은?

① 재배 고도가 높을수록 높은 등급으로 평가한다.
② 스크린 사이즈로 평가할 때 크기가 클수록 높은 등급으로 분류가 되며, 품질도 우수하다.
③ 피베리는 커피 체리 안에 하나의 빈이 있는 경우를 말하며, 스크린 사이즈 13 이하이다.
④ 브라질은 결점두 수에 따라 생두를 분류하며, No.2~8로 표시한다.

생두의 크기와 품질은 비례 관계가 성립하지 않는다.

45 생두의 크기에 따른 분류인 스크린 No.18과 가장 거리가 먼 것은?

① SHB
② A
③ Supremo
④ Large Bean

SHB는 재배 고도에 따른 분류 등급이다.

46 커피를 분류하는 방법이 나머지와 다른 곳은?

① 과테말라　　② 멕시코
③ 온두라스　　④ 콜롬비아

콜롬비아는 생두 크기(스크린 사이즈)에 따라 생두를 분류한다.

47 코스타리카, 엘살바도르 등의 국가에서 생두를 분류하는 기준에 따르면 최고 등급을 SHB라고 하는데 이는 어떤 기준에 의한 분류법인가?

① 생두의 크기
② 생두의 무게
③ 생두의 재배 고도
④ 생두의 수분함량

재배 고도에 따라 분류하는 나라는 멕시코, 과테말라, 온두라스, 코스타리카, 엘살바도르 등이며 이들 국가에서 최고 등급은 SHB(Strictly Hard Bean)으로 표기한다.

48 스페셜티커피협회의 생두 분류 중 최고 등급으로 분류하는 명칭은?

① 프리미엄 그레이드(Premium Grade)
② 하이엔드 그레이드(High-End Grade)
③ 마이크로 랏(Micro Lot)
④ 스페셜티 그레이드(Specialty Grade)

SCA의 생두 분류법은 스페셜티 등급(Specialty Grade)과 프리미엄 등급(Premium Grade)으로 분류한다.

49 스페셜티 등급에서 단 한 개도 허용하지 않는 결점두이며, 보통 덜 익은 커피 체리를 수확하여 로스팅했을 때 다른 원두에 비해 현저히 밝은 색깔을 띠는 콩은?

① 플랫 빈(Flat Bean)
② 블랙 빈(Black Bean)
③ 퀘이커(Quaker)
④ 플로터(Floater)

> 퀘이커(Quaker)란 로스팅 후에 색깔이 다른 콩에 비해 현저히 밝은 콩을 말한다. 안 익었거나 덜 익은 커피 체리를 수확한 것이 원인이다.

50 커피의 수확 연도를 기준으로 1년 이상 2년 이내의 생두에 해당되는 것은?

① 패스트 크롭(Past Crop)
② 뉴 크롭(New Crop)
③ 올드 크롭(Old Crop)
④ 스몰 크롭(Small Crop)

> • 뉴 크롭 : 수확한 지 1년 이내
> • 패스트 크롭 : 1~2년 이내
> • 올드 크롭 : 2년 이상 지난

51 브라질은 결점두에 따른 분류 외에도 여러 분류 기준이 있다. 그중 맛에 의한 분류법에서 가장 우수한 등급은?

① Rio ② Soft
③ Softish ④ Strictly Soft

> Strictly Soft 〉 Soft 〉 Softish 〉 Hard 〉 Riada 〉 Rio 〉 Zona

52 다음은 SCA 분류법에 대한 설명이다. ( )에 들어갈 내용으로 알맞게 나열된 것은?

> SCA 분류는 스페셜티 등급과 프리미엄 등급 등으로 구분되는데, 그중 스페셜티 등급은 생두 샘플 ( )g 중 Full Defects 결점수 ( ) 이내이고, 원두 샘플 ( )g 중에서 퀘이커는 ( ) 이내여야 한다.

① 350, 5, 100, 0
② 350, 8, 100, 1
③ 350, 8, 100, 3
④ 300, 5, 150, 0

> SCA 기준 스페셜티 등급은 샘플 중량 생두 350g, 원두 100g 안에서 생두는 풀 디펙트(향미에 크게 영향을 끼치는 결점두)는 5개 이내, 원두에서는 퀘이커가 1개도 있어서는 안 된다.

53 SCA 분류 기준 결점두에 대한 설명이 옳은 것으로만 짝지어진 것은?

> ㉠ 펑거스 데미지(Fungus Damage) : 곰팡이가 발생하여 퍼런 색깔을 띤다.
> ㉡ 사우어 빈(Sour Bean) : 해충이 생두에 파고 들어가 발효되어 강한 신맛이 난다.
> ㉢ 플로터(Floater) : 덜 익은 콩을 수확하여 로스팅 후 밝은색을 띤다.
> ㉣ 쉘(Shell) : 조개껍데기처럼 바깥쪽만 남게 되는 결점두로 유전적 원인으로 발생한다.

① ㉠, ㉡ ② ㉡, ㉢
③ ㉠, ㉣ ④ ㉢, ㉣

> ㉡ 사우어 빈(Sour Bean)은 너무 익어 땅에 떨어진 체리 또는 과발효 시에 생긴다.
> ㉢ 플로터(Floater)는 잘못된 보관 또는 건조로 색깔이 연하고 콩의 밀도가 낮은 결점두이다.

54 커피를 생산하는 지역인 커피벨트에 속하는 위도 범위는?

① 북위 20° ~ 남위 20°
② 북위 25° ~ 남위 25°
③ 북위 30° ~ 남위 30°
④ 북위 15° ~ 남위 15°

커피가 생산되는 지역인 커피 벨트에 속하는 위도 범위는 북위 25°와 남위 25° 사이이다.

55 주요 커피 생산 국가와 대표적인 커피로 잘못 짝지어진 것은?

① 인도네시아 – 만델링(Mandheling) G1
② 코스타리카 – 타라주(Tarrazu) SHB
③ 자메이카 – 블루 마운틴(Blue Mountain) No.1
④ 온두라스 – 후일라(Huila)Supremo

후일라 수프리모는 대표적인 콜롬비아 커피이다.

56 다음에서 설명하는 커피 생산 국가는?

정부의 적극적인 투자와 좋은 커피 인프라로 인해 세계 시장에서 고품질의 커피 생산 국가로 평가받고 있다. 워시드와 세미 워시드 방식으로 커피를 생산하며, 로부스타 재배는 법적으로 금지되어 있다. 대표적인 생산 지역은 웨스트 밸리(West Valley), 산호세(San Jose), 타라주(Tarrazu) 등이다.

① 엘살바도르
② 과테말라
③ 온두라스
④ 코스타리카

설명에 해당하는 커피 생산 국가는 코스타리카(Costarica)이다.

57 커피 생산 국가와 생산 지역이 잘못 연결된 것은?

① 멕시코 – 오악사카(Oaxaca)
② 탄자니아 – 킬리만자로(Kilimanjaro)
③ 브라질 – 예가체프(Yirgacheffe)
④ 과테말라 – 우에우에테낭고(Huehueten-ango)

예가체프는 에티오피아의 대표적인 커피 생산지이다.

58 인도네시아 커피로 사향고양이의 배설물에서 커피 씨앗을 채취하여 깨끗이 세척한 후 가공한 커피는?

① 코나 커피(Kona Coffee)
② 만델링(Mandheling)
③ 위즐 커피(Weasel Coffee)
④ 코피 루왁(Kopi Luwak)

코피 루왁은 동물의 배설물을 이용한 대표적인 커피이며, 인도네시아 외에 라오스, 태국 등지에서도 생산한다.

59 다음 중 수출 항구의 이름에서 유래하여 붙여진 커피는?

① 산토스(Santos)
② 마타리(Mattari)
③ 코나(Kona)
④ 블루 마운틴(Blue Mountain)

브라질 산토스 항구는 중남미에서 가장 큰 항구이며, 항구 명칭에서 유래한 산토스 커피가 유명하다.

60 다음 중 커피 생산에 대한 설명으로 틀린 것은?

① 브라질은 세계 커피 생산량의 약 30%를 차지하는 최대 생산국이다.
② 베트남은 브라질에 이어 커피 생산량 2위 생산국이며 아라비카를 주로 생산한다.
③ 에티오피아는 커피의 원산지로서, 아프리카 국가 중에서 가장 많이 커피를 생산한다.
④ 브라질, 과테말라, 탄자니아는 아라비카뿐만 아니라 로부스타도 생산한다.

베트남은 세계 커피 생산량 2위 국가이며, 90% 이상을 로부스타가 차지한다.

61 다음에서 설명하고 있는 커피는?

건식법으로 가공한 커피를 습한 남서 계절풍에 2~3주 건조하여 숙성시킨 커피로, 인도 말라바(Malabar) 지역에서 생산하며 강한 바디감과 독특한 향미를 느낄 수 있다.

① 유기농 커피(Organic Coffee)
② 에코 커피(Eco Coffee)
③ 몬순 커피(Monsooned Coffee)
④ 에이징 커피(Aging Coffee)

몬순 커피는 인도에서 가장 유명한 커피이다. 인도 말라바 지역에서 건식으로 가공한 커피를 몬순 남서 계절풍에 건조 및 숙성시켜 만든다. 산미는 약하고, 강한 바디감이 있으며, 생두가 노란빛을 띠며, 흙내와 같은 거칠고 독특한 향미가 있다.

62 다음 설명에 해당하는 커피 생산 국가는?

과테말라와 니카라과 사이에 위치한 이 나라의 커피 생산은 주로 국토 서부에서 이루어진다. 최대 생산지역은 산타바바라(Santa Barbara), 코판(Copan), 렘피라(Lempira), 라파즈(La Paz)이며, 재배고도에 따라 SHG(Strictly High Grown), HG(High Grown), HB(Hard Bean), CS(Central Standard)로 분류한다.

① 페루
② 베트남
③ 온두라스
④ 브라질

온두라스에 대한 설명이다.

63 다음에서 설명하는 커피 질병으로 옳은 것은?

커피나무가 이 병에 걸리면 수확량이 감소하고 나무가 죽을 수도 있다. 현재까지 가장 피해가 크다고 알려진 질병으로, 18세기 인도네시아 자바(Java)섬과 스리랑카의 실론(Ceylon)섬에서 아라비카종을 황폐화시키기도 했다.

① 커피녹병(Coffee Leaf Rust)
② 커피 열매병(Coffee Berry Disease)
③ 커피 시듦병(Coffee Wilt Disease)
④ 둥근 무늬 바이러스(Coffee Ringspot Virus)

아라비카종은 커피녹병(Coffee Leaf Rust)에 내성이 없으며, 가장 치명적인 병충해이다.

64 국제커피기구(ICO)가 정한 '커피 이어(Coffee Year)'의 산정 기준일은?

① 1월 1일
② 7월 1일
③ 10월 1일
④ 12월 1일

커피의 수확 시기는 산지마다 차이가 있으나 커피 생산량의 절반 이상을 차지하는 아프리카, 중남미, 남미 농장들은 9월이면 수확을 마무리하고 새로운 커피를 준비한다. 또한 ICO가 생산량 집계 회기 기준을 삼는 커피 연도(Coffee Year)가 매년 10월 1일에 시작한다.

65 다음 커피 소비에 대한 설명으로 잘못된 것은?

① 단일 국가로는 미국, 독일, 일본, 러시아 순으로 커피 소비가 많다.
② 가장 커피 소비가 많은 대륙은 북유럽이다.
③ 커피 생산국 중에서 가장 커피 소비가 활발한 나라는 브라질이다.
④ 국민 1인당 커피를 가장 많이 마시는 나라는 이탈리아다.

북유럽 국가들이 국민 1인당 커피 소비량이 가장 많은 편이며 2016년에는 핀란드가 12kg으로 1위를 차지하였다.

66 다음에서 말하고 있는 커피 기원설은?

기원전 1258년 아라비아 모카 지역의 이슬람 장로인 이 인물이 우자프 산속에서 새들이 먹던 빨간 열매를 먹고 나서, 이 열매를 이용하여 많은 사람들을 치료하였다고 전해진다.

① 칼디의 전설
② 오마르의 전설
③ 가브리엘의 전설
④ 모하메드의 전설

이슬람 수도사였던 셰이크 오마르는 모카 지역의 성주의 딸을 치료하다가 윤리적인 죄를 지어 화산지대인 우자프 산으로 추방당하여 유배 생활을 하던 중에, 새들이 먹던 열매를 먹었는데 기운이 나고, 머리가 맑아지는 경험을 하여 커피 열매를 발견하였다고 전해진다.

67 커피는 처음에는 커피 열매나 잎을 뜨거운 물에 우려 먹는 등 차의 형태로 마시다가 언제부터 생두를 볶아 음료로 마시게 되었는가?

① 13세기
② 14세기
③ 15세기
④ 16세기

커피 생두를 볶아서 커피 음료로 먹기 시작한 시초는 16세기 경으로 추정되고 있다.

68 커피가 이집트, 사우디의 메카 지역 등 이슬람 국가들로 전파되다가 오스만 제국에 전해진 시기는 언제인가?

① 메흐메트 6세
② 무라트 1세
③ 요하네스 6세
④ 셀림 1세

오스만튀르크 제국은 셀림 1세 때 이집트를 정복하여 커피를 받아들였고, 1517년 오스만 콘스탄티노플에 커피하우스가 생겨났다.

69 오스만 제국과의 전쟁에서 승리한 공을 인정받아 오스트리아 빈에 1683년 최초로 커피하우스를 연 인물은?

① 칼 마르코빅스(Karl Markovics)
② 게오르그 콜쉬츠키(Georg Franz Kolschizky)
③ 크리스토프 발츠(Christoph Waltz)
④ 파스콰 로제(Pasqua Rosee)

오스만튀르크 제국이 오스트리아를 침범했을 때 폴란드인인 게오르그 콜쉬츠키(Georg Franz Kolschizky)가 오스트리아의 승리에 공을 세워 그 대가로 오스만제국이 남기고 간 커피콩을 하사받고 1683년 빈(비엔나)에 최초로 커피하우스를 열었다.

70 영국 식민지배의 영향으로 차를 주로 마시던 미국이 커피 소비문화로 전환하게 된 결정적인 사건은?

① 보스턴 차 사건
② 제1차 세계 대전
③ 제2차 세계 대전
④ 남북전쟁

1773년 영국의 동인도 회사의 차 독점 및 지나친 세금 징수에 반발하여 미국은 보스턴에 정박하던 영국의 배에 실려있던 홍차 상자를 바다에 버리고 불태우는 이른바 보스턴 차 사건이 일어났다. 이를 계기로 영국에 대한 반발 및 독립에 대한 단초가 되었고, 차에서 커피 소비로 전환하게 되는 중요한 시점이 되었다.

71 역사적인 기록상 우리나라에서 커피를 가장 먼저 접한 인물로 알려진 사람은?

① 명성황후
② 순종
③ 고종
④ 흥선대원군

1896년 아관파천 당시 고종황제는 러시아 공사관으로 피신을 가게 되었고, 러시아 공사로부터 커피를 처음 대접받아 즐겨 마셨다.

정답 **68** ④ **69** ② **70** ① **71** ③

72 다음 중 피베리(Peaberry)에 대한 설명으로 잘못된 것은?

① 커피체리에 하나의 생두가 들어있는 것을 말한다.
② 불안전한 수정, 유전적인 결함이 원인이며, 커피 맛에 부정적인 영향을 끼치는 결점두이다.
③ 가지 끝에서 많이 발견되며, 통상적으로 생두에 10~15%가 섞여 있다.
④ 오히려 더 단 맛이 우수하기 때문에 따로 골라내어 비싼 값에 팔리기도 한다.

73 커피와 관련된 인물 중 다음과 같은 명언을 남긴 사람은?

> "나는 조반상에 더할 수 없는 벗을 한 번도 빠뜨린 적이 없다. 커피를 빼놓고는 그 어떤 것도 좋을 수 없다. 한 잔의 커피는 나에게 60여 가지의 좋은 아이디어를 떠올리게 한다."

① 베토벤(Beethoven)
② 바흐(Bach)
③ 에밀 졸라(Emile Zola)
④ 발자크(Balzac)

74 아라비카와 로부스타에 대한 다음 보기 중에서 잘못된 것은?

① 아라비카의 재배고도는 800m 이하, 로부스타는 800~2,000m이다.
② 아라비카의 적정 강수량은 1,500~2,000mm, 로부스타는 2,000~3,000mm이다.
③ 체리 숙성기간은 아라비카 6~9개월, 로부스타 9~11개월이다.
④ 재배기온은 아라비카 15~24℃, 로부스타 24~30℃이다.

75 지속가능 커피(Sustainable Coffee)의 개념에 속하지 않는 것은?

① 유기농 커피(Organic Coffee)
② 공정무역 커피(Fair-trade Coffee)
③ 스페셜티 커피(Specialty Coffee)
④ 버드프렌들리 커피(Bird-friendly Coffee)

Chapter 2

해설과 함께 풀어보는 출제 예상 문제
로스팅

01 다음 중 로스팅에 대한 설명이 잘못된 것은?

① 생두에 열을 가하여 물리적, 화학적 반응을 통해 향미와 맛을 이끌어 내는 과정이다.
② 로스팅에서 가장 중요한 반응은 캐러멜화와 마이야르 반응이다.
③ 생두를 로스팅하고 나면 수분과 밀도는 감소하고 부피는 증가한다.
④ 카페인은 로스팅이 진행될수록 점점 감소하다가 강배전이 되면 대부분 소실된다.

> 카페인은 로스팅 과정 중에 일부가 소실되긴 하지만 열에 비교적 안정적이어서 생두와 원두에서 차지하는 비중은 크게 변하지 않는다.

02 커피를 로스팅할 때 발생하는 일반적인 물리적 변화로 틀린 것은?

① 중량 감소
② 색상이 갈색으로 변화
③ 수분 감소
④ 밀도 증가

> 로스팅에서 생두의 물리적 변화로는 무게 감소, 다공질화, 부피 팽창, 갈색으로 변화, 밀도 감소, 수분 감소, 커피 오일 생성 등이 있다.

03 로스터기의 파트 중에서 로스팅을 하면서 발생되는 채프(Chaff)와 미세먼지 등을 제거해주는 장치는 무엇인가?

① 쿨러
② 샘플러
③ 버너
④ 사이클론

> 사이클론(Cyclone)에 대한 설명이다.

04 다음에서 설명하고 있는 로스팅 열전달 방식은?

> 열풍식 로스터의 주된 열전달 방식이다. 가열된 공기가 드럼 내부로 이동하여 생두가 뜨거운 공기와 함께 회전하며 열이 생두 전체에 전달되면서 로스팅이 진행된다.

① 전도
② 복사
③ 대류
④ 반사

> 열풍식 로스터의 주된 열전달 방식은 뜨거워진 기체가 순환하면서 열을 전달하는 대류이다.

05 뉴 크롭인 생두와 풀 시티 정도로 로스팅이 끝난 원두의 각 수분함량은 대략 얼마 정도인가?

① 약 12%, 약 1%
② 약 20%, 약 1%
③ 약 20%, 약 3%
④ 약 8%, 약 3%

> 생두의 수분함량은 8~12%, 원두는 1~2% 정도이다.

06 다음 중 로스팅 과정에서 가장 많이 발생하는 가스 성분은?

① 일산화탄소
② 이산화탄소
③ 산소
④ 질소

로스팅 과정에서 생두 1g당 2~5ml의 가스가 발생하며, 그중 87% 정도가 이산화탄소이다.

07 다음 생두의 성분 중에서 로스팅 과정에서 가장 많이 감소하는 것은?

① 수분
② 단백질
③ 지방
④ 카페인

로스팅 과정에서 가장 두드러지는 감소 성분은 수분이다.

08 다음 중 커피를 로스팅하는 이유를 잘못 설명한 것은?

① 커피의 맛과 향을 발현시키기 위해서이다.
② 커피의 분쇄와 추출을 쉽게 할 수 있다.
③ 커피의 본연의 색깔을 표현할 수 있다.
④ 커피의 보관, 저장 기간을 늘릴 수 있다.

생두는 다년간 보관이 가능하지만, 로스팅이 끝난 원두는 길게 잡아 1년 정도의 유통 기한을 가진다. 생두가 불에 닿아 로스팅이 되는 순간부터 커피 콩은 죽어간다고 볼 수 있다.

09 로스팅 단계에 대한 설명 중 틀린 것은?

① 로스팅 단계에서 SCA 분류는 No.25~95까지 8단계로 나누고, 가장 강한 로스팅 단계는 No.95이다.
② 로스팅이 강해질수록 로스팅 단계를 나타내는 명도값(L)은 감소한다.
③ 8단계 일본식 로스팅 단계 분류 순서는 라이트 – 시나몬 – 미디엄 – 하이 – 시티 – 풀 시티 – 프렌치 – 이탈리안 순이다.
④ 로스팅 단계는 로스팅 과정의 가열 온도와 시간에 의하여 결정된다.

SCA 로스팅 단계 분류(No.95~25)에서 가장 강한 로스팅 단계는 No.25이다.

10 다음 설명에서 (   ) 안에 들어갈 내용으로 알맞게 짝지어진 것은?

로스팅 과정에서는 두 번의 파열음이 생기고, 이것을 크랙 또는 팝(Pop)이라고 한다. 1차 크랙은 생두 내부의 (   )이 열과 압력에 의해 기화되면서 발생하고, 2차 크랙은 목질 조직이 파괴됨에 따라 (   )가 방출되면서 발생한다.

① 수분, 일산화탄소
② 수분, 이산화탄소
③ 클로로겐산, 질소
④ 카페인, 이산화탄소

1차 크랙은 생두 내부의 수분이 열과 압력에 의해 기화하면서 발생한다. 2차 크랙은 목질 조직의 파괴가 일어나며 이산화탄소의 방출에 의해 일어난다.

11 다음 로스팅에 따른 플레이버 등의 변화에 대하여 맞게 설명한 것은?

① 다크 로스팅이 되면 바디감이 최고가 된다.
② 라이트 로스팅일수록 신맛이 약하다.
③ 로스팅이 강하게 될수록 쓴맛이 강해진다.
④ 다크 로스팅에 가까워질수록 향미는 강해지고, 복합성이 뛰어나다.

로스팅이 약할수록 신맛이 부각되고, 강할수록 쓴맛이 더 느껴진다. 바디감은 지질이나 고형 성분의 양에 따라 차이가 나며 로스팅보다는 커피의 품종 및 가공법, 추출 방법에 따라 다르다.

12 다음 로스팅 단계 중 가장 명도값(L)이 낮은 단계는?

① 라이트 로스트(Light Roast)
② 프렌치 로스트(French Roast)
③ 이탈리안 로스트(Italian Roast)
④ 풀 시티 로스트(Full City Roast)

명도값(L)은 로스팅 컬러가 밝을수록 수치가 크고, 어두울수록 수치가 낮다.
① 라이트 – 31.2
② 프렌치 – 15.5
③ 이탈리안 – 14.2
④ 풀 시티 – 16.8

13 로스팅이 진행되면서 일어나는 화학적 성분 변화로 틀린 것은?

① 카페인은 로스팅 진행에 따른 변화가 거의 없다.
② 자당은 갈변 반응을 통해 원두에 갈색 변화를 일으키고 로스팅 후에는 대부분 소실된다.
③ 지질 성분은 로스팅 단계가 진행될수록 급속하게 줄어든다.
④ 니아신은 로스팅 과정에서 트리고넬린 분해로 생두보다 원두에 더 많이 남는다.

지질은 로스팅을 하는 동안 열에 의해 변하지만, 높은 온도에서도 상대적으로 안정적이기 때문에 성분 비율은 크게 변하지 않는다.

14 다음 설명에 해당하는 생두의 화학적 성분은?

이것은 유기산 중에서 가장 많은 성분을 차지하는 폴리페놀 형태의 페놀 화합물이다. 로스팅 초반에 급속히 감소하면서 퀸산과 카페산으로 바뀌고 쓰고 떫은맛을 내는 역할을 한다. 아라비카보다 로부스타에 더 많이 함유되어 있다.

① 시트르산
② 클로로겐산
③ 타타르산
④ 아세트산

유기산 중에서 가장 많은 성분인 클로로겐산(ChlorogenicAcid)은 갈변 반응을 일으키는 성분이기도 하다. 생두에서 가장 많이 존재하고 로스팅 초반부에 급속히 감소하면서 퀸산과 카페산으로 바뀌게 된다. 아라비카보다 로부스타에 더 많이 함유되어 있다.

15 다음 중 커피의 쓴맛을 나타내는 주된 성분이 아닌 것은?

① 트리고넬린　　② 클로로겐산
③ 카페인　　　　④ 유리 아미노산

커피의 쓴맛을 나타내는 주요 성분으로는 트리고넬린,카페인, 클로로겐산 등이 있다. 유리 아미노산은 로스팅 과정에서 소실되고 단당류와 반응하여 멜라노이딘(Melanoidin)과 향기 성분(방향족 화합물)으로 바뀌게 된다.

16 다음에서 설명하고 있는 로스팅의 단계는?

다크 로스트의 일종으로, 진하게 로스팅된 상태로 에스프레소뿐만 아니라 다른 배리에이션(Variation) 메뉴에 적합하다. 신맛은 거의 없고 강한 쓴맛과 약간의 단맛을 느낄 수 있는 것이 특징이다.

① 프렌치 로스트
② 이탈리안 로스트
③ 풀 시티 로스트
④ 하이 로스트

프렌치 로스트와 이탈리안 로스트는 둘 다 다크 로스팅에 해당한다. 프렌치 로스팅이 쓴맛과 더불어 약간의 단맛도 느껴지는 반면, 이탈리안 로스트는 쓴맛과 탄맛이 가장 강하게 느껴지는 단계이다.

17 원두 색상의 밝기에 따라 8단계로 분류한 SCA 로스팅 애그트론 넘버에서 가장 밝은 단계를 나타내는 넘버와 그 명칭으로 옳은 것은?

① #25 – Very Light
② #95 – Very Light
③ #25 – Light
④ #95 – Light

#95 Very Light 〉 #85 Light 〉 #75 Moderately Light 〉 #65 Light Medium 〉 #55 Medium 〉 #45 Moderately Dark 〉 #35 Dark 〉 #25 Very Dark

18 로스팅 머신은 커피 로스팅 방식에 따라 여러 가지로 분류가 되는데 이에 해당하지 않는 것은?

① 스팀식　　　② 열풍식
③ 직화식　　　④ 반열풍식

로스팅 머신을 분류하는 방식으로는 직화식, 열풍식, 반열풍식이 있다.

19 다음에서 설명하고 있는 로스팅 머신 내 장치의 명칭은?

개폐를 통하여 드럼 내부의 공기의 흐름이나 열량을 조절할 수 있으며 화력을 직접적으로 조절하는 것에 더불어 열 조절을 보조한다.

① 사이클론(Cyclone)
② 쿨러(Cooler)
③ 호퍼(Hopper)
④ 댐퍼(Damper)

댐퍼(Damper)
드럼과 연통 사이를 개폐하는 장치로, 드럼 내부의 공기의 흐름과 열량을 조절하는 역할을 한다. 화력을 직접적으로 조절하는 것 외에도 댐퍼를 조절함으로써 열 조절을 보조하면서 드럼 내부의 열이나 연기 배출 등에 변화를 만들어 커피 향미에 영향을 준다.

20 로스팅 진행 과정을 순서에 맞게 나열한 것은?

① 열분해 – 냉각 – 건조
② 건조 – 냉각 – 열분해
③ 열분해 – 건조 – 냉각
④ 건조 – 열분해 – 냉각

로스팅은 생두의 수분 건조 → 다공질 구조가 형성되는 열분해 → 로스팅이 끝난 원두를 식히는 냉각의 과정을 거친다.

21 커피 로스팅에 사용하는 열원에 해당하지 않는 것은?

① 전기　　　② 증기
③ 가스　　　④ 숯

로스팅에 사용하는 열원은 가스(LNG, LPG), 전기, 숯 등이 있다.

22 로스팅 머신의 각 장치에 대한 설명이 틀린 것은?

① 샘플러 – 로스팅 도중에 소량의 원두를 꺼내어 콩의 변화를 볼 수 있는 기구
② 사이클론 – 로스팅 직후에 원두를 냉각시키는 장치
③ 드럼 – 생두가 투입되어 회전하면서 로스팅이 이루어지는 통
④ 호퍼 – 생두를 담아 두었다가 로스팅이 시작되면 드럼에 넣는 장치

사이클론은 로스팅할 때 발생하는 실버 스킨이나 미세먼지 등을 모아서 가벼운 것은 밖으로 배출하고 무거운 것은 아래 실버 스킨통(채프받이, Chaff Collector)에 쌓는 장치이다. 로스팅이 끝난 원두를 급속히 냉각시키는 장치는 쿨러이다.

23 로스팅 전 로스터가 확인해야 할 기본적인 사항에 해당하지 않는 것은?

① 생두의 수분함량
② 생두의 밀도
③ 품종과 수확 시기
④ 생두의 원가

로스터는 생두의 품종 및 수확 시기, 수분함량, 생두의 밀도, 결점두에 대한 이해와 피킹 정도를 잘 알고 있어야 한다.

24 생두를 감싸고 있는 실버스킨에 가장 많은 성분은?

① 퀸산
② 아세트산
③ 식이섬유질
④ 유리아미노산

실버스킨의 60% 정도는 식이섬유질이며, 그중 수용성 섬유질은 14% 정도이다.

25 다음 중 로스팅 방법에 대한 설명으로 잘못된 것은?

① 혼합 로스팅 – 개별 종을 각각 로스팅한 후 혼합하는 방법
② 고온 로스팅 – 짧은 시간 높은 온도로 로스팅하는 방법
③ 더블 로스팅 – 두 번에 걸쳐서 로스팅하는 방법
④ 저온 로스팅 – 약한 화력으로 장시간 로스팅하는 방법

혼합 로스팅은 여러 생두를 섞어서(Blending) 한번에 로스팅하는 선 블렌딩 방식이다. 개별 종을 각각 로스팅 후 섞는 방식은 후 블렌딩이다.

정답　21 ②　22 ②　23 ④　24 ③　25 ①

26 다음에서 설명하고 있는 로스팅 방법에 대한 특징이 아닌 것은?

> 열풍식 로스팅에 가장 많이 사용하는 방법으로 생두를 약 195~210℃의 온도에 투입하여 강한 화력을 주어 로스팅하는 방법이다.

① 단시간에 로스팅하여 향미 손실이 적다.
② 가용성 성분이 10~20% 정도 더 추출될 수 있다.
③ 수분 증발률이 높아 비경제적이다.
④ 화력 조절을 잘못할 경우 원두의 바깥쪽이 탈 수 있다.

> 고온 로스팅에 대한 설명이며 수분 증발률이 높고, 추출 시에 원두를 더 많이 사용하게 되는 로스팅은 장시간 저온 로스팅이다.

27 로스팅 진행 과정 중 발열반응에 나타나는 변화에 해당하지 않는 것은?

① 색깔이 녹색에서 노란색으로 바뀌면서 조직이 유리화된다.
② 생두의 중량은 로스팅 전과 비교해 12~25%까지 감소한다.
③ 수분이 기화되어 1차 크랙이 생기면서 생두가 점점 팽창한다.
④ 2차 크랙으로 진행되면 이산화탄소가 발생하고 점점 검은색으로 바뀐다.

> 원두 투입 후 터닝 포인트를 지나 원두가 열을 점점 흡수하는 흡열 반응 단계에서 원두의 색깔이 녹색, 노란색, 계피 색으로 바뀌고 1차 크랙 때부터 2차 크랙, 냉각 이전까지 발열반응이 지속된다.

28 다음 중 로스팅 용어 설명이 잘못된 것은

① RoR(Rate of Rise) – 단위 시간당 온도 변화(온도 상승률)
② 터닝 포인트(Turning Point) – 로스팅된 원두가 냉각 과정에서 온도가 다시 빠르게 내려가는 단계
③ 디벨롭먼트 타임(Development Time) – 1차 크랙 이후 원두 배출까지의 시간
④ 배치 사이즈(Batch Size) – 드럼에 투입되는 생두의 양

> **터닝 포인트(Turning Point)**
> 생두를 로스터 드럼 내로 투입하고 나서 높은 온도의 드럼과 낮은 온도의 생두가 열평형을 이룰 때까지 온도가 계속 내려가다가 다시 온도 상승을 시작하는 단계

29 다음 중 로스팅이 진행됨에 따라 커피의 색깔 변화와 관계가 없는 것은?

① 멜라노이딘
② 카페인
③ 클로로겐산
④ 캐러멜

> 갈변 반응과 관련된 성분은 캐러멜, 멜라노이딘, 클로로겐산이다.

30 다음 중 커피에서 12~16%의 함량을 차지하며 커피의 향기를 담당하는 주된 성분은?

① 클로로겐산
② 카페인
③ 지질
④ 트리고넬린

> 커피의 지질(지방) 성분은 아라비카종에서 15~17%, 로부스타종에서 10~11.5%를 차지하며 커피의 향기를 담당한다.

31 커피에 함유되어 있는 무기질 성분 중 가장 많은 비중을 차지하는 것은?

① 칼륨(K)
② 칼슘(Ca)
③ 인(P)
④ 나트륨(Na)

커피의 무기질 성분 중 칼륨은 40% 정도로 가장 많은 비중을 차지한다.

32 로스팅 디펙트 중 하나인 언더 디벨롭 (Under-Developed)에 대하여 잘못 설명한 것은?

① 열량을 적게 공급하여 플레이버가 제대로 형성되지 않는다.
② 방향족 향기 화합물이 적게 형성되며 원두 표면에 커피 오일이 흘러나온다.
③ 표면이 밝고, 원두 내부와 외부 색깔 편차가 두드러진다.
④ 부피 팽창이 덜 일어나며 풋내와 풀향기가 느껴진다.

오버 디벨롭(Over Developed)
너무 강한 화력으로 인해 표면이 타버리거나 2차 크랙 이후에 로스팅이 지속되면서 원두 표면에 커피 오일이 과다하게 흘러나오는 경우를 말한다. 방향족 화합물이 적으며, 쓴맛, 탄맛이 강하게 느껴진다.

33 다음 생두와 원두의 화학 성분에 대하여 잘못 설명한 것은?

① 로부스타종보다 아라비카종에 생두의 지방 함량이 더 많다.
② 원두에 들어 있는 성분 중 다양한 유기산은 커피의 신맛을 느끼게 한다.
③ 카페인은 생두나 원두에서 큰 성분 변화를 보이지 않는다.
④ 원두에 존재하는 지방산은 대부분 포화지방산이다.

원두에 들어 있는 포화지방산은 팔미트산 32%, 스테아르산 8%, 불포화지방산은 리놀레산 40% 정도이다.

34 생두는 로스팅 진행 과정에 따라 점점 갈색으로 바뀌는 갈변 반응이 일어나는데, 이와 관계가 없는 것은?

① 마이야르 반응
② 캐러멜화
③ 클로로겐산류의 중합 및 회합 반응
④ 불포화지방산의 자동 산화 반응

갈변 반응이란 마이야르 반응, 캐러멜화, 클로로겐산류와 단백질, 다당류와의 중합 및 회합 반응을 말한다.

35 다음 중 커피 성분 카페인에 대한 설명으로 틀린 것은?

① 커피의 쓴맛 중에서 가장 많은 부분을 차지하며 25% 정도이다.
② 열에 안정적이어서 생두와 원두의 성분 비중의 큰 차이가 없다.
③ 일반적으로 아라비카에 비해 로부스타가 함량이 높은 편이다.
④ 교감신경을 자극하고 심리적 안정과 각성 효과를 주는 성분이다.

카페인은 커피 쓴맛의 10% 정도를 차지하고, 약 25% 정도 쓴맛을 내는 성분은 트리고넬린이다.

36 커피의 비타민 성분 중에서 로스팅 후에 더 많이 남게 되는 성분은?

① 티아민
② 니아신
③ 아스코르브산
④ 리보플라빈

니아신은 생두에 22mg/kg, 원두에 93~436mg/kg 정도로 있으며 로스팅에 의해 트리고넬린이 분해되고 니아신은 생성되어 니아신이 더 많이 남게 된다.

37 아라비카보다 로부스타에 더 많이 함유된 것으로 옳게 짝지어진 것은?

① 카페인, 지질
② 자당, 지질
③ 클로로겐산, 카페인
④ 단백질, 카페인

상대적으로 로부스타가 더 많이 함유하는 성분은 카페인, 클로로겐산이고, 아라비카에 더 많은 성분은 지질, 당 성분이다.

38 로스팅 과정에 따른 변화에 대해 잘못 설명한 것은?

① 생두는 열을 흡수하여 팽창하면서 조직이 다공질화된다.
② 8~12%였던 생두의 수분은 로스팅이 끝나면 1~2%까지 줄어든다.
③ 로스팅 과정은 발열반응과 흡열반응이 순차적으로 일어난다.
④ 로스팅이 진행될수록 신맛은 줄어들고 쓴맛이 증가한다.

상온 상태의 생두가 로스터에 투입되면 열을 먼저 흡수하고(흡열 반응) 1자 크랙 이후부터 발열 반응이 일어난다.

39 다음에서 설명하고 있는 로스팅 결점(Roasting Defect)은?

1차 크랙과 2차 크랙 사이 너무 많은 열량이 공급되어 이산화탄소의 급격한 증가로 원두 표면 일부가 떨어져 나가 마치 분화구와 같은 형태를 띠는 것을 말한다.

① 스코칭(Scorching)
② 티핑(Tipping)
③ 칩핑(Chipping)
④ 베이크드(Baked)

칩핑(Chipping)은 1차 크랙과 2차 크랙 사이 너무 많은 열량이 공급되었을 경우, 그리고 일부 연한 조직과 낮은 밀도를 가지는 특정 산지, 특정 품종의 콩에서 많이 나타난다.

40 다음 생두의 성분 중에서 로스팅 과정을 통해 가장 많이 감소하는 것은?

① 자당
② 카페인
③ 유리당
④ 무기질

자당(Sucrose)은 로스팅 과정에서 갈변 반응을 통해 원두가 갈색을 띠게 하고 플레이버와 아로마 물질을 형성하며 로스팅 후에는 대부분 소실된다.

41 다음 중 블렌딩을 하는 목적이 아닌 것은?

① 커피 원가를 낮추기 위해서이다.
② 커피가 지닌 고유의 플레이버를 즐기기 위해서이다.
③ 싱글 오리진 커피의 단점을 보완하고 차별화된 커피를 만들기 위해서이다.
④ 기후변화와 산지 불황 등 달라지는 조건에 큰 영향 없이 안정저인 품질을 유지하기 위해서이다.

블렌딩하지 않은 한 종의 원두인 싱글 오리진(Single Origin)에서 그 커피가 지닌 고유의 플레이버를 즐길 수 있다.

42 블렌딩 방법 중 선 블렌딩 후 로스팅 (Blending Before Roasting)에 대하여 틀린 설명은?

① 로스팅 컬러가 균일하다.
② 로스팅 업체나 로스터리 카페에서 가장 선호하는 방식이다.
③ 재고관리가 용이하다.
④ 각각의 커피가 가진 다채로운 플레이버를 즐길 수 있다.

후 블렌딩 방법은 각각의 원두들이 가진 다채로운 플레이버를 즐길 수 있는 장점이 있다.

43 로스팅 과정 중 실질적인 로스팅이 진행되면서 커피의 맛과 향을 발현시키는 여러 물질들이 생성되는 단계는?

① 건조　　　　② 냉각
③ 열분해　　　④ 추출

로스팅 단계는 건조 → 열분해 → 냉각으로 진행이 되며, 열분해 과정에서 마이야르 반응과 캐러멜화가 진행되면서 원두의 색깔이 변하고 커피의 향과 맛을 내는 수많은 방향족 화합물들이 생성된다.

44 로스팅할 때 원두의 물리적 변화에 대해 잘못 설명한 것은?

① 밀도가 감소한다.
② 유기물 손실이 발생하여 중량이 줄어든다.
③ 갈변반응에 의해 커피 콩의 색깔이 녹색 → 노란색 → 갈색 → 검은색으로 바뀐다.
④ 조직이 다공질화 되어 부피가 감소한다.

조직이 다공질화 되면서 부피는 증가한다. 라이트 로스팅은 약 50%, 다크 로스팅은 150%까지 부피가 늘어난다.

45 로스팅할 때 발생되는 크랙에 대한 아래 보기 중 틀린 것은?

① 1차 크랙은 원두의 수분이 기화하면서 발생한다.
② 1차 크랙 전부터 커피콩의 부피는 팽창하기 시작한다.
③ 2차 크랙은 가스(주로 이산화탄소)의 압력으로 발생한다.
④ 2차 크랙을 넘어서면 원두의 표면에 커피 오일이 눈에 띄게 보이기 시작한다.

1차 크랙 전까지 원두는 흡열반응이 일어나다가 1차 팝 이후로 부피가 늘어나기 시작한다.

46 고온 단시간 로스팅에 대하여 바르게 설명한 것은?

① 15~20분 정도로 로스팅한다.
② 원두 겉면의 주름이 잘 펴진다.
③ 향미는 약하지만 지속력은 강하다.
④ 가용성 성분이 10~20% 커피로 더 많이 추출되어 경제적이다.

고온 단시간 로스팅은 향미는 강하지만, 지속력은 떨어지며, 10분 이내로 로스팅을 끝내며, 로스팅이 끝난 원두는 저온 장시간 로스팅에 비해 가용성 성분이 더 추출되어 한 잔당 원두 소비량이 절약되어 더 경제적이다.

47 커피의 성분 중에서 갈변반응을 통해 원두가 갈색을 띠게 하고, 플레이버와 아로마 물질을 형성하게 하는 물질은?

① 자당
② 유기산
③ 카페인
④ 클로로겐산

커피의 탄수화물 성분에서 당류 중 가장 많은 자당은 갈변반응을 통해 원두의 색깔을 갈색으로 변하게 하며, 플레이버와 아로마 물질 등 방향성 화합물을 형성하고 로스팅 후에는 거의 소실된다.

48 커피의 신맛을 나타내는 유기산 성분에 해당하지 않는 것은?

① 아세트산(Acetic Acid)
② 말산(Malic Acid)
③ 시트르산(Citric Acid)
④ 트리고넬린(Trigonelline)

커피의 신맛을 나타내는 유기산은 시트르산, 퀸산, 말산, 아세트산, 타타르산 등이며, 트리고넬린은 커피의 약 25% 정도의 쓴맛과 캐러멜의 단맛, 흙과 같은 아로마 형성에 주로 기여한다.

49 로스팅 과정에서 일어나는 마이야르 반응에 대하여 바르게 설명한 것은?

① 클로로겐산이 분해되어 퀸산과 카페산으로 바뀌는 반응이다.
② 아미노산이 환원당, 다당류 등과 작용하여 갈색의 중합체인 멜라노이딘을 만드는 반응이다.
③ 당 성분이 고온으로 가열되면서 열분해 또는 산화 과정을 거쳐 캐러멜화되는 것이다.
④ 클로로겐산류와 단백질 및 다당류와의 반응으로 갈색 색소를 형성하는 반응이다.

마이야르 반응(Maillard Reaction)
아미노산과 환원당 사이에 일어나는 화학반응으로 열에 의해 수백 가지 방향족 화합물과 갈색의 멜라노이딘을 생성하게 된다.

50 다음 설명에 해당하는 성분은?

커피의 향기를 구성하는 주성분으로, 원두 중량의 0.05 미만인 700~2,500ppm으로 매우 적은 양이지만, 800여 가지 이상이 되며 로스팅 후에는 가스 방출과 함께 증발, 산화되어 상온에서 2주가 지나면 거의 사라진다.

① 무기질
② 단백질
③ 휘발성 화합물
④ 지질

휘발성 화합물은 로부스타보다 아라비카에 더 많이 함유되어 있으며, 로스팅이 진행되면서 풀시티 단계까지는 증가하다가, 다크 로스팅 즉, 프렌치, 이탈리아 로스트에 이르면 오히려 감소한다.

분쇄와 추출

01 다음 중 커피 추출에 대한 설명으로 틀린 것은?

① 커피 추출은 커피 성분을 뽑아낸다는 의미로 '익스트랙션(Ex-traction)' 또는 커피 제조를 의미하는 '브루잉(Brewing)'이라고 정의한다.
② 원두를 분쇄하는 이유는 원두의 표면적을 넓혀 수분과의 접촉면을 넓히기 위해서이다.
③ 원두 분쇄는 디개싱(Degassing, 가스 제거) 및 숙성을 위해서 하루 이틀 전 미리 하는 것이 좋다.
④ 용매인 물이 분쇄된 커피에서 수용성 성분만을 분리하여 커피 추출액으로 이동시킨다.

> 원두는 분쇄하면 산패속도가 빨라지므로 추출 직전에 분쇄하는 것이 좋다.

02 커피 그라인더를 선택할 때 고려해야 할 주요 사항이 아닌 것은?

① 전기 사용량
② 발열
③ 균일성
④ 미분 발생 정도

> 그라인더 선택 시 고려사항으로는 분쇄 균일성, 발열 정도, 미분 발생 정도, 그 외 칼날의 종류, 가격, 드립 또는 에스프레소 머신의 사용 용도 등이 있다.

03 그라인더 날의 종류 중 간격식이 아닌 것은?

① 플랫형 버(Flat Burr)
② 블레이드 커터(Blade Cutter)
③ 롤러 커터(Roller Cutter)
④ 코니컬 버(Conical Burr)

> • 간격식 그라인더 날 : 플랫, 코니컬, 롤러
> • 충격식 그라인더 날 : 블레이드

04 다음에서 설명하고 있는 그라인더 날의 종류는?

> • 열 발생이 많다.
> • 분쇄 속도가 빠르고 비교적 균일하게 분쇄된다.
> • 에스프레소용으로 가장 많이 사용하는 상업용 그라인더 날이다.

① 코니컬 버
② 블레이드 커터
③ 롤러 커터
④ 플랫 버

> **플랫 버(Flat Burr)**
> 평면형 칼날이다. 분쇄 속도가 빠르며 마찰열이 많고 에스프레소용으로 적합하여 영업용으로 가장 많이 사용한다.

05 다음 중 커피 분쇄도에 영향을 미치는 요소가 아닌 것은?

① 블렌딩 비율
② 습도
③ 로스팅 정도
④ 기온

> 커피 분쇄도에 영향을 주는 요소로는 커피의 품종, 밀도, 로스팅 정도, 블렌딩 비율, 습도상태, 로스팅한 커피의 신선도 등이 있다.

06 커피 가루가 물과 만나서 가용성 성분이 추출되는 올바른 순서는?

① 침투 → 분리 → 용해
② 침투 → 용해 → 분리
③ 용해 → 침투 → 분리
④ 분리 → 침투 → 용해

> 분쇄된 커피 가루가 물과 만나면 커피 입자의 다공질화된 조직 사이로 물이 침투하고, 가용성 성분을 녹여낸 후(용해) 커피 입자 바깥으로 용해된 성분이 분리되는 과정을 통해 커피가 추출된다.

07 다음 중 가장 고운 분쇄도를 적용하는 추출 기구는?

① 핸드 드립
② 체즈베(이브릭)
③ 모카포트
④ 프렌치 프레스

> 체즈베로 커피를 추출할 때에는 에스프레소 머신보다 더 가늘게 분쇄하는 특징이 있다.

08 다음 중 커피 추출 시 분쇄 입자 크기에 대한 설명으로 잘못된 것은?

① 같은 추출 기구를 이용하더라도 분쇄 입자 크기에 따라 커피 맛이 달라진다.
② 튀르키예식 커피를 추출할 때에는 일반적으로 아주 가늘게 분쇄하는 것이 좋다.
③ 핸드 드립 커피는 에스프레소 커피에 비해 굵게 분쇄하는 것이 일반적이다.
④ 분쇄 입자가 굵을 때 물과의 접촉 시간을 짧게 하면 고형 성분이 더 많이 추출된다.

> 분쇄 입자가 굵으면 가는 경우보다 접촉 면적이 줄어들기 때문에 더 많은 고형 성분을 추출하기 위해서는 침출식과 같이 물과의 접촉 시간을 늘릴 필요가 있다. 근본적으로는 해당 추출 방법에 맞는 적합한 분쇄 정도를 사용하는 것이 우선이다.

09 다음 중 커피 추출에 사용하는 물에 대해 바르게 설명한 것은?

① 미네랄 함유량이 많은 물일수록 커피 추출에 적합하다.
② 냄새와 불순물이 없고, 신선하며 경도가 낮아야 한다.
③ 100ppm 이상의 무기물이 함유된 물이 좋다.
④ 정수된 물보다 수돗물이 더 조화로운 커피 맛을 낼 수 있다.

> 커피 추출에 사용되는 물은 냄새와 불순물이 없고, 신선하며 50~100ppm의 무기물이 함유된 것이 적합하다. 미네랄 함유량은 낮을수록 좋다.

10 다음 중 커피 추출 시에 물의 경도에 대한 설명으로 틀린 것은?

① 경도가 너무 높은 물은 에스프레소 머신 내부에 석회질 찌꺼기가 쌓일 수 있다.
② 경도는 물속에 녹아 있는 석회질의 양의 수치를 의미한다.
③ 경도가 높은 물로 추출한 커피는 단맛과 깊이를 떨어뜨리지만, 바디감은 높인다.
④ 물의 경도가 너무 낮으면 보일러에 구멍이 생길 수도 있다.

경도가 높은 물은 원두에 들어 있는 가용성 물질이 녹는 속도를 변화시켜 커피 추출과 관련된 화학반응에 영향을 끼치고, 커피 맛의 깊이와 단맛을 떨어뜨리는 부정적인 결과를 만든다.

11 SCA에서 권장하는 커피의 적정 농도와 추출 수율의 연결이 옳은 것은?

① 1.15~1.35%, 18~22%
② 1.25~1.35%, 10~15%
③ 1.35~1.55%, 18~22%
④ 1.15~1.55%, 12~20%

SCA에서 권장하는 커피 적정 농도는 1.15~1.35%이고, 추출 수율은 18~22%이다.

12 다음 중 커피와 물에 대한 설명으로 틀린 것은?

① 물의 경도가 높을 땐 정수한 물로 커피를 추출하는 것이 좋다.
② 물의 온도가 85℃ 이하의 저온으로 커피를 추출할 경우 향미는 부족하고 바디감은 높다.
③ 커피와 물의 비율, 분쇄도가 잘 맞아야 농도를 맞출 수 있다.
④ 무기물이 전혀 없는 물을 사용하는 것이 커피 추출에 적합하다.

칼륨, 칼슘, 나트륨, 마그네슘 등 물속에 든 적정량의 무기물은 오히려 커피 맛에 긍정적인 작용을 한다.

13 다음 중 추출 방식이 나머지와 다른 하나는?

① 핸드 드립
② 에스프레소
③ 모카포트
④ 프렌치 프레스

체즈베, 프렌치 프레스, 사이펀은 침출식에 해당한다.

14 다음에서 설명하고 있는 추출 방식(기구)은 무엇인가?

> 1933년 이탈리아의 알폰소 비알레띠(Alfonso Bialetti)가 발명하였으며 유럽, 미국 등의 가정에서 커피 추출용으로 널리 쓰이고 있다. 끓는 물의 증기압에 의해 하단부의 데워진 물이 상단으로 이동하면서 커피층을 통과하여 커피가 추출되는 원리이다.

① 사이펀
② 모카포트
③ 프렌치 프레스
④ 케맥스

'스토브 탑 에스프레소 메이커(Stove Top Espresso Maker)'라고도 불리는 가정용 에스프레소 추출 기구에 대한 설명이다.

15 침출식이 아니라 필터를 사용하여 여과식으로 커피를 추출하는 방식은?

① 프렌치 프레스
② 사이펀
③ 에스프레소
④ 체즈베(이브릭)

여과식 추출 방식으로는 핸드 드립, 케맥스, 에스프레소, 모카포트가 있다.

16 다음 중 사이펀 커피를 추출할 때에 일반적으로 사용하지 않는 열원은?

① 가스
② 핫플레이트
③ 알코올램프
④ 할로겐램프

핫플레이트는 요리용 철판 또는 전기 히터를 말한다.

17 드리퍼의 내부 돌기를 지칭하는 리브(Rib)에 대한 설명으로 옳은 것은?

① 커피 가루 사이에 에어 채널 역할을 함으로써 추출 속도를 원활하게 한다.
② 리브가 많을수록 추출 속도가 느려져 더 진한 커피를 내릴 수 있다.
③ 접촉면이 많아지면서 물이 빠지는 시간이 길어진다.
④ 드리퍼의 내구성을 높이는 역할을 한다.

리브(Rib)는 드리퍼 내부에 홈과 돌기를 말한다. 공기와 커피 원두의 가스 통로 역할을 하는데 드리퍼 종류별로 리브의 높이와 수가 다르고, 리브가 많을수록 추출 속도가 빨라진다.

18 다음에서 설명하는 현상으로 옳은 것은?

> 드립으로 추출 시 처음에는 소량의 물로 적셔진 커피 가루에서 이산화탄소가 미리 방출되면서 커피 가루가 부풀어 오른다.

① 스티밍(Steaming)
② 탬핑(Tamping)
③ 뜸 들이기(Blooming, 블루밍)
④ 도징(Dosing)

로스팅 과정에서 생긴 원두의 다공질 구조에 차 있는 이산화탄소를 방출하는 과정으로 프리 인퓨전(Pre infusion)이라고도 한다.

19 천의 섬유 조직을 필터로 사용하여 커피를 추출하는 방법은?

① 융(플란넬) 드립
② 사이펀
③ 케맥스
④ 에어로프레스

융이라고 하는 소재는 플란넬이라고 하는 기모 직물이며, 이것을 필터로 써서 커피를 추출하는 것을 융 드립(플란넬 드립)이라고 한다. 커피의 바디를 구성하는 오일 성분이나 불용성 성분이 종이 필터에 비해 더 쉽게 통과되어 진하면서 바디감이 높은 커피가 추출된다.

20 다음에서 설명하고 있는 커피 추출 기구는?

> 곱게 분쇄한 커피 가루와 물을 동, 놋쇠 등으로 만들어진 (   )에 같이 넣고 끓여서 우려내는 달임식 커피 추출 방법이다. 이러한 튀르키예식 커피 문화와 전통은 2013년 유네스코(UNESCO) 무형문화유산에 지정이 되었고, 가장 오래된 커피 추출 도구로 알려져 있다.

① 체즈베
② 케맥스
③ 에어로프레스
④ 사이펀

손잡이가 달린 주전자에 고운 커피 가루와 물을 넣고 뜨거운 모래 또는 불 위에서 커피를 만드는 터키식 전통 커피 추출 방식이다.

21 다음 중 콜드 브루(Cold Brew)에 대한 설명으로 잘못된 것은?

① 워터 드립 또는 더치라고도 하며 상온의 물로 커피를 추출하는 방법이다.
② 뜨거운 물로 추출하는 커피에 비해 카페인 함량이 훨씬 낮다.
③ 네덜란드 상인들이 배 위에서 찬물로 커피를 내려 마시던 것에서 유래하였다.
④ 장시간 우려내면서 콜드 브루 특유의 발효취가 생기는 것이 특징이다.

장시간 물과 접촉한다는 점 때문에 뜨거운 커피에 비해 카페인 함량이 오히려 더 높다.

22 다음 중 커피 추출 방법(기구)에서 분쇄도가 가는(고운) 것부터 나열한 것은?

① 에스프레소 – 프렌치 프레스 – 핸드 드립 – 모카포트
② 모카포트 – 핸드 드립 – 프렌치 프레스 – 에스프레소
③ 프렌치 프레스 – 모카포트 – 에스프레소 – 핸드 드립
④ 에스프레소 – 모카포트 – 핸드 드립 – 프렌치 프레스

> **분쇄도 굵기(가는 것부터)**
> 체즈베 〈 에스프레소 〈 모카포트 〈 커피 메이커 〈 드립 〈 프렌치 프레스

23 다음의 설명에 해당하는 커피 추출 기구는?

> 플런저에 압력을 가해 체임버에 담긴 물을 밀어서 추출하는 방식으로 주사기와 같은 원리로 커피를 추출한다. 휴대가 간편하고 추출도 신속하게 이루어져서 장소에 구애받지 않고 사용할 수 있으며, 다양한 방식으로 추출할 수 있는 장점이 있다.

① 케맥스
② 프렌치 프레스
③ 에어로프레스
④ 모카포트

> 2005년에 미국의 스포츠용품 회사 에어로비(Aerobie)사의 앨런 애들러(Alan Adler)에 의해 만들어졌다. 프렌치 프레스와 마찬가지로 물에 커피 가루를 넣고 함께 우려낸 후 플런저(Plunger)를 눌러 물을 커피 가루에 통과시키고 종이 필터로 걸러내는 과정을 거친다. 공기압 프레스 방식과 필터 여과 방식이 결합된 도구이다.

24 다음 중 카페 핀(Cafe Phin)의 추출 방법으로 틀린 설명은?

① 베트남에서 흔히 사용하는 커피 추출 도구이며, 미리 연유를 잔 아래 넣고 추출한다.
② 본체에 스트레이너를 먼저 올린 후 그 위에 커피 가루를 넣고 물을 붓는다.
③ 물을 부은 다음 뚜껑을 덮고 기다린다.
④ 주로 로부스타 커피 추출에 사용한다.

> 커피 가루를 용기에 넣고 스트레이너로 평평하게 한 뒤에 뜨거운 물을 살짝 부어 뜸을 들이고 물을 채운 후 뚜껑을 닫고 천천히 추출되도록 기다린다.

25 다음 중 커피 추출 방법에 대한 설명이 잘못된 것은?

① 멜리타 드리퍼 – 1908년 독일의 멜리타 부인이 발명하였으며 페이퍼 필터 드립의 시초가 되었다.
② 케맥스 – 1941년 독일 화학자 피터 쉴럼봄(Peter Schlu-mbohm)이 발명한 모래시계 모양의 상하부 일체형 커피 추출 도구이다.
③ 프렌치 프레스 – 종이 필터가 아닌 주로 금속 필터를 사용하는 추출 방식으로, 컵에 약간의 커피 가루가 남을 수 있다.
④ 융 드립 – '플란넬'이라고 불리는 천 조직으로 커피를 여과 추출하며, 다른 방법에 비해 바디감이 약하지만 깔끔한 커피를 추출할 수 있다.

> 융 드립은 종이 필터와 달리 커피의 오일 성분이 걸러지지 않고 추출되어 부드럽고 바디감이 있게 느껴진다.

26 다음에서 설명하고 있는 커피 추출 기구는?

> 1840년경에 스코틀랜드의 로버트 네이피어(Robert Napier)가 진공 여과식 용기를 개발한 것에서 유래하였다. 배큠 브루어(Vacuum Brewer)가 정식 명칭이고, 증기 압력과 진공 흡입 원리를 이용하여 커피를 추출한다.

① 사이펀
② 모카포트
③ 에어로프레스
④ 클레버

27 다음 중 나머지와 관련이 없는 하나는?

① 드리퍼 　　② 페이퍼 필터
③ 포터 필터 　　④ 드립 서버

28 신선한 커피에 뜨거운 물을 부으면 표면이 부풀어 오르거나 거품이 생기는데, 이는 커피에 함유된 어떤 가스 성분 때문인가?

① 탄산가스 　　② 질소가스
③ 메탄가스 　　④ 수소가스

29 다음에서 설명하고 있는 그라인더 날의 종류는?

> 분당 회전수가 낮아 분쇄 속도가 빠르진 않지만 열 발생이 적어서 향미 저해 요소가 적다. 수동 또는 전자동 그라인더 날로 브루잉용에 많이 사용한다.

① 롤러 커터(Roller Cutter)
② 블레이드(Blade Cutter)
③ 플랫 버(Flat Burr)
④ 코니컬 버(Conical Burr)

30 커피를 포장할 때 사용하는 재료의 조건으로 적합하지 않은 것은?

① 습기를 방지할 수 있어야 한다.
② 산소가 침투되지 않도록 밀폐되어야 한다.
③ 빛이 차단되는 재질을 사용하는 것이 좋다.
④ 탈취성을 갖춘 재질이 좋다.

31 다음 커피 포장 방법 중 가장 보관 기간이 긴 포장 방법은?

① 원 웨이 밸브 포장
② 지퍼 백 포장
③ 질소 가압 포장
④ 진공 포장

질소 가압 포장이란 불활성 기체를 포장 용기 내에 넣어 포장하는 방법으로, 보관 기간이 다른 방법에 비해 가장 길다. 주입하는 기체로는 주로 질소를 이용한다.

32 커피의 향미를 보존하기 위한 보관 방법으로 틀린 것은?

① 습도가 낮은 곳에 보관한다.
② 직사광선을 피해 햇볕이 들지 않는 곳에 보관한다.
③ 포장 용기 내의 산소를 최대한 빼내고 밀폐 용기에 보관한다.
④ 냉장고에 보관한다.

원두는 냉장고에 보관 시 냉장고 내의 다른 냄새를 흡수할 수 있다. 불투명 용기 등에 담아 습도가 낮고, 빛이 들지 않는 곳에 보관하는 것이 가장 좋다.

33 커피 원두를 분쇄할 때 주의해야 할 사항에 대한 설명 중 틀린 것은?

① 분쇄할 때 생기는 마찰열은 맛과 향을 변질시키므로 열 발생을 최소화하는 것이 좋다.
② 분쇄 입자가 균일하지 않으면 용해 속도가 달라져 커피 맛이 떨어진다.
③ 분쇄 시 발생하는 미분은 커피 맛을 독특하게 하고 진한 맛을 증가시키므로 많이 발생하는 게 더 좋다.
④ 물과 접촉하는 시간이 짧을 경우에는 입자를 더 가늘게 분쇄한다.

일반적으로 분쇄 정도가 균일하고 미분 발생이 최소화된 원두를 좋은 분쇄로 여긴다.

34 커피 추출에 사용하는 물에 대한 설명으로 맞는 것은?

① 지하수를 사용하면 커피의 맛이 더 좋아진다.
② 온도가 높은 물일수록 커피의 가용성 성분을 더 많이 녹여내므로, 추출 온도는 높으면 높을수록 좋다.
③ 석회질이 적은 연수를 사용하면 가용 성분이 더 많이 추출된다.
④ 50~100ppm의 무기물이 함유된 신선한 물일수록 좋다.

커피 추출을 할 때 추출 온도가 너무 높으면 쓴맛과 거친 맛 위주의 성분도 추출되어 부정적인 맛과 향도 느껴질 수 있으며, 연수를 사용한다고 해서 가용 성분이 더 많이 추출되는 것은 아니다. 커피 추출에 적합한 물은 신선하고, 냄새가 없고, 불순물이 적으며, 50~100ppm 정도의 무기물이 함유된 것이 가장 좋다.

35 커피의 향과 맛을 잘 유지하기 위해서 원두의 분쇄, 추출, 보관 과정에 대한 아래 보기 중 잘못된 것은?

① 원두는 분쇄하면 산패속도가 4배 이상 빨라지기 때문에 추출하기 직전에 분쇄하는 것이 가장 좋다.
② 원두는 산소를 차단하고, 햇볕이 들지 않는 서늘한 곳에 보관한다.
③ 분쇄 정도에 따라 추출된 커피의 향과 맛이 달라지기 때문에 추출 방법 등을 잘 이해하고 그에 맞는 분쇄 입자를 고려해야 한다.
④ 원두는 냉동 보관이 가장 좋으며, 냉동 보관된 원두의 유통 기한은 1년 이상이다.

원두는 냉장고의 습기, 다른 보관물의 냄새까지도 흡수할 수 있기 때문에 냉장, 냉동 보관은 좋은 방법은 아니다. 다만 대량의 원두를 보관하여야 할 경우 소분하여 진공상태로 압축 포장 후 여러 번 밀봉하여 다른 음식물이 없는 상태로 냉동 보관할 수도 있으며, 사용 시에는 상온에 꺼내 두어 해동된 원두의 습기가 어느 정도 건조된 후 사용해야 한다.

36 가장 오래된 커피 추출 방법으로 커피 입자를 에스프레소보다 가늘게 분쇄한 후 체즈베로 불리는 동으로 된 주전자에 물과 같이 넣고 불 위에 올려 달여서 추출하는 방식은 무엇인가?

① 이탈리아식 커피
② 튀르키예식(터키식) 커피
③ 프랑스식 커피
④ 에티오피아식 커피

예멘에서 이집트로 커피가 전해졌던 당시, 이집트를 정복했던 튀르키예(당시 오스만 제국)는 커피 문화를 발달시켰으며, 인류 최초의 커피 추출 도구로 알려진 체즈베를 사용하여 커피를 추출하여 즐겨 마셨다.

37 필터 드립 추출에 대한 설명 중 잘못된 것은?

① 1908년 독일의 멜리타 벤츠 여사가 최초로 종이 필터를 개발하였다.
② 침출식 추출 방식이 아닌 여과식 추출법이다.
③ 칼리타, 하리오, 고노 등 드리퍼의 종류에 따라 커피 추출 결과물이 달라진다.
④ 드리퍼의 리브(Rib)가 짧고 적을수록 추출 시간이 빨라진다.

드리퍼의 리브는 물을 부었을 때 공기 구멍 역할을 하기 때문에 길고 많을수록 추출 속도가 빨라진다.

38 드리퍼의 소재는 플라스틱, 도자기, 유리, 스테인리스 등 다양한데, 그중 투명 플라스틱 드리퍼의 특성에 대하여 잘못 설명한 것은?

① 동이나 도자기 소재에 비해 파손, 녹의 부담이 적고 간편하다.
② 오래 사용하면 형태의 변형이 올 수 있다.
③ PP나 트라이탄 소재의 플라스틱 드리퍼는 환경호르몬(BPA) 위험성으로부터 안전하다.
④ 추출 전에 보온성을 위해 드리퍼를 꼭 예열해 주어야 한다.

온도 유지를 위해 예열해줘야 하는 것은 동이나 도자기로 된 드리퍼이다.

39 사이펀(Syphon)에 대한 다음 설명 중 잘못된 것은?

① 배큠 브루어(Vacuum Brewer)가 정식 명칭이다.
② 증기압을 이용하여 커피를 추출하는 방식으로, 필터가 있지만 침출식에 가깝다.
③ 상부의 플라스크를 가열하여 그 수증기의 압력으로 하부로 뜨거운 물이 내려가서 커피를 추출하게 된다.
④ 열원은 알코올램프, 할로겐램프, 가스 스토브 등이다.

사이펀은 하부의 물이 가열되어 증기압에 의해 상부로 밀려 올라가 상부 플라스크에서 커피가 추출되는 방식으로, 아래쪽 열원을 제거하면 디시 압력이 낮아지면서 추출된 커피가 다시 하부 플라스크로 내려온다.

40 다음에서 설명하는 커피 추출 방법은?

가압 침출식으로 커피를 추출하는 도구이며, 유리나 플라스틱 등으로 만들어진 비커에 굵게 분쇄한 커피가루를 넣고 뜨거운 물을 부은 후 몇 분 정도 후에 플런저(Plunger)를 눌러 커피가루와 추출액을 분리시킨다. 주로 금속 필터를 사용하는데 커피가루 및 미분까지 남게 되어 텁텁한 느낌을 주기도 한다.

① 에어로프레스
② 프렌치프레스
③ 케맥스
④ 체즈베(이브릭)

프렌치프레스는 원두가 가진 특성을 그대로 느낄 수 있는 손쉬운 커피 추출도구이며, 금속필터를 사용하여 커피 침전물이 커피에 섞일 수 있어 텁텁할 수 있으나, 커피 오일도 같이 추출되어 바디감 있는 커피가 만들어진다.

해설과 함께 풀어보는 출제 예상 문제

에스프레소와 커피 음료

01 에스프레소의 일반적인 추출 시간으로 옳은 것은?

① 5~10초
② 10~15초
③ 20~30초
④ 40~50초

적정 에스프레소 추출 시간은 20~30초이다.

02 다음 중 적절한 에스프레소 추출 조건에 해당하지 않는 것은?

① 원두커피 가루의 양 : 7±1g
② 추출 시간 : 25±5초
③ 추출 온도 : 95±5℃
④ 추출 압력 : 9±1bar

에스프레소 추출 조건

원두의 양	약 7g(1샷)
추출 온도	90~95℃
추출량	30±5ml
추출 압력	9±1bar
추출 시간	20~30초
pH	5.2

※ 에스프레소의 추출 기준은 나라, 지역, 머신, 바리스타에 따라 조금씩 다르다.

03 에스프레소에 대해 잘못 설명하고 있는 것은?

① 고농도의 향미 성분 추출을 빠르게 추출하기 위해서 원두는 굵게 분쇄해야 한다.
② 에스프레소 추출은 강한 압력으로 커피 가루에 물을 통과시켜 추출하는 원리이다.
③ 분쇄된 커피 가루는 포터필터에 고르게 담고, 수평을 맞춰 눌러야 한다.
④ 로스팅한 지 얼마 안 된 신선한 원두일수록 크레마가 더 많이 생성된다.

에스프레소는 가늘게 분쇄하며 원두의 종류, 블렌딩, 로스팅 정도 등에 따라 조금씩 달라진다.

04 좋은 에스프레소 평가 요소로 적절하지 않은 것은?

① 날카롭고 강한 쓴맛
② 맛의 밸런스
③ 애프터테이스트
④ 부드러운 바디감

좋은 에스프레소는 신맛과 쓴맛, 아로마, 바디감 등이 전체적으로 조화를 이루어야 한다. 과다 추출되면 날카롭고 강한 쓴맛이 느껴진다.

05 1901년에 에스프레소 머신 특허를 최초로 출원한 이탈리아 밀라노 출신의 사람은?

① 페마(E. V. Faema)
② 루이지 베제라(Luigi Bezzera)
③ 아킬레 가찌아(Achille Gaggia)
④ 안젤로 모리온도(Angelo Moriondo)

루이지 배제라가 최초로 특허를 출원하였다(1901년).

06 다음 중 에스프레소 머신의 발전 역사에 대한 설명으로 잘못된 것은?

① 1820년 프랑스의 루이 베르나르 라보(Louis Bernard Rabaut)가 증기를 이용한 커피 추출 아이디어를 고안하였다.
② 1884년 이탈리아 토리노 박람회에서 루이지 베제라(Luigi Bezzera)가 증기를 이용한 에스프레소 머신을 출시하였다.
③ 1960년 이탈리아의 페마(E. V. Faema)에 의해 추출 자동화 시스템이 개발되었다.
④ 1947년 이탈리아의 아킬레 가찌아(Achille Gaggia)가 최초로 9기압 에스프레소 머신을 발명하였고 크레마가 처음 생성되었다.

1884년 이탈리아 토리노 박람회에서 안젤로 모리온도(Angelo Moriondo)가 빠르게 추출하는 증기 머신을 처음 선보였다.

07 에스프레소 머신 발전 단계에 대하여 바르게 나열한 것은?

① 진공 방식 → 증기압 방식 → 피스톤 방식 → 전동 펌프 방식
② 진공 방식 → 피스톤 방식 → 전동 펌프 방식 → 증기압 방식
③ 증기압 방식 → 피스톤 방식 → 진공 방식 → 전동 펌프 방식
④ 증기압 방식 → 진공 방식 → 피스톤 방식 → 전동 펌프 방식

커피 추출 방법의 변화
달임식(터키식) → 드립식 → 진공 방식(배큠 브루어 및 초창기 에스프레소) → 증기압 방식 → 피스톤 방식 → 전동 펌프

08 전원이 켜진 에스프레소 머신에서 포터필터의 보관 방법으로 옳은 것은?

① 물기를 제거하고 워머 위에 보관한다.
② 그룹 헤드에 장착하여 보관한다.
③ 그룹 헤드에서 탈거하여 트레이 그릴 위에서 보관한다.
④ 오염을 방지하기 위해 별도 용기에 넣고 냉장 보관한다.

포터필터는 온도 유지를 위하여 그룹 헤드에 장착한 채로 보관한다.

09 다음 중 에스프레소 머신 그룹 헤드에 속하는 부품이 아닌 것은?

① 샤워 스크린(Shower Screen)
② 개스킷(Gasket)
③ 샤워 홀더(Shower Holder)
④ 스팀 노즐(Steam Nozzle)

그룹 헤드는 포터필터, 샤워 홀더, 개스킷, 샤워 스크린 등으로 구성된다.

10 에스프레소 머신의 보일러 내부의 부식을 방지하기 위해 행하는 도금처리에 사용되는 재질은?

① 은
② 동(구리)
③ 망간
④ 니켈

에스프레소 머신 보일러 내부의 부식을 방지하기 위해 주로 니켈 또는 크롬 도금을 한다.

11 에스프레소 머신 보일러 내부의 물은 전체 용량의 어느 정도까지 채워지는가?

① 50%
② 70%
③ 90%
④ 100%

보일러 내의 70%는 물, 30%는 수증기로 채워져 있다.

12 에스프레소 머신의 압력 게이지는 추출 압력과 스팀 압력을 나타내는데, 두 압력의 적정 범위를 옳게 짝지은 것은?

① 추출 압력 1~1.5bar,
　 스팀 압력 8~10bar
② 추출 압력 8~10bar,
　 스팀 압력 8~10bar
③ 추출 압력 8~10bar,
　 스팀 압력 1~1.5bar
④ 추출 압력 1~1.5bar,
　 스팀 압력 1~1.5bar

에스프레소 머신 추출 압력은 8~10bar, 스팀 압력은 1~1.5bar의 범위가 적절하다.

13 다음에서 설명하고 있는 에스프레소 머신 부품 명칭은?

추출 버튼을 눌렀을 때 보일러의 뜨거운 물과 찬물을 섞어서 적정 온도의 물을 그룹 헤드로 보내는 역할을 한다. 상업용 에스프레소 머신에는 주로 보일러, 그룹 헤드, 배수 3방향으로 연결이 되어 있다.

① 플로우미터
② 워터 레벨 게이지
③ 솔레노이드 밸브
④ 로터리 펌프

① 플로우미터 : 반자동 머신 이상에서 유량을 세팅 및 조절한다.
② 워터 레벨 게이지 : 보일러 내부의 물의 수위를 표시한다.
④ 로터리 펌프 : 모터가 회전하면서 물을 빨아들여 압력을 조절한다.

14 다음 중 나머지와 다른 하나는?

① 그룹 헤드
② 드립 트레이
③ 스팀 레버
④ 호퍼

일반적으로 호퍼는 그라인더와 로스팅 머신에서 원두(생두)를 투입시키는 장치이다. 예외적으로 그라인더가 내장된 전자동 에스프레소 머신의 경우에는 호퍼가 달려있다.

15 에스프레소의 특징이라고 할 수 있는 크레마(Crema)가 생성되는 주원인은 무엇인가?

① 원두의 특성
② 원심력
③ 탄산가스
④ 높은 압력

에스프레소는 추출압력 8bar±1bar로 인해 원두의 오일 성분이 유화되어 생성되는 거품이다.

16 다음 중 에스프레소 추출에 대한 내용으로 틀린 것은?

① 포터필터에 담기는 원두의 양은 원 컵 기준 일반적으로 약 7g이며, 로스팅 정도와 분쇄도에 따라 조금씩 달라질 수 있다.
② 탬핑을 할 때에는 커피 가루 사이의 공극이 없도록 최대한 세게 여러 번 눌러야 한다.
③ 포터필터 결합 전 추출수를 먼저 빼는 이유는 샤워 스크린 청결과 적절한 추출 온도 유지를 위해서다.
④ 예열과 건조를 위해서 포터필터는 항상 그룹 헤드에 장착해 둬야 한다.

탬핑할 때의 적정 압력은 일반적으로 13~15kg이다. 너무 세게 탬핑하면 과다 추출이 일어날 수 있다.

17 다음 중 에스프레소 추출 순서를 옳게 나열한 것은?

㉠ 그룹 헤드에서 포터필터를 분리하여 커피 퍽을 버리고 세척하여 다시 장착한다.
㉡ 포터필터 가장자리 커피 가루를 털고, 추출 버튼을 눌러 열수를 몇 초가량 흘려보낸다.
㉢ 포터필터를 그룹 헤드에서 분리, 물기 제거 후 그라인더를 작동시켜 적정량의 원두를 담는다.
㉣ 포터필터를 장착하고 신속하게 잔을 내린 후 추출을 시작한다.
㉤ 원두 가루를 평평하게 만들고, 탬퍼를 이용하여 수평을 맞춰 누른다.
㉥ 사용한 그라인더 및 머신 주변 정리를 한다.

① ㉠ - ㉡ - ㉢ - ㉣ - ㉤ - ㉥
② ㉢ - ㉤ - ㉣ - ㉠ - ㉡ - ㉥
③ ㉥ - ㉤ - ㉣ - ㉢ - ㉡ - ㉠
④ ㉢ - ㉤ - ㉡ - ㉣ - ㉠ - ㉥

에스프레소 추출 순서
머신 예열 → 잔 및 그라인더 준비 → 포터필터에 원두 패킹 → 포터필터 장착 → 추출 → 커피 퍽 및 주변 정리

18 다음 중 채널링(Channeling) 현상에 대하여 잘못 설명한 것은?

① 에스프레소 추출 시에 한쪽으로 치우쳐 불균형적으로 추출되는 현상을 말한다.
② 신맛, 쓴맛 등 다양한 맛들이 연출될 수 있어 복합적인 향미가 우수하다.
③ 1차 탬핑 후 2차 탬핑 전에 태핑을 한 경우에도 발생할 수 있다.
④ 분쇄도가 균일하지 않거나 너무 굵을 경우에도 발생한다.

19 다음 중 에스프레소 추출과 상관없는 도구는?

① 드리퍼(Dripper)
② 탬퍼(Tamper)
③ 탬핑 매트(Tamping Mat)
④ 닉박스(Knock Box)

20 에스프레소를 추출하여 고객에게 제공할 때 사용하는 도자기로 된 잔은 무엇인가?

① 데미타세　　② 샷 글라스
③ 벨크리머　　④ 머그컵

21 다음 중 에스프레소 추출 시간에 변화를 주는 주요한 원인이 아닌 것은?

① 탬퍼의 무게
② 로스팅 정도
③ 원두의 분쇄도
④ 추출 압력

22 에스프레소의 크레마를 평가하는 항목에 해당하지 않는 것은?

① 크레마의 색깔
② 크레마의 두께
③ 크레마의 온도
④ 크레마의 지속 시간

23 에스프레소를 추출할 때 커피 성분이 지나치게 많이 추출되면 부정적인 뉘앙스가 나타나는데 그 원인에 해당하지 않는 것은?

① 원두의 양이 적정량보다 많은 경우
② 원두의 분쇄도가 적정 분쇄 입자보다 많이 가늘게 된 경우
③ 정상 추출 압력보다 낮은 압력으로 추출한 경우
④ 추출 온도가 매우 낮은 경우

24 다음 중 에스프레소 과소 추출에 대한 설명이 아닌 것은?

① 분쇄 입자가 너무 굵은 경우에 일어난다.
② 크레마의 색상이 연한 베이지색을 띠며, 연한 맛이 난다.
③ 필터 바스켓을 오래 써서 구멍이 넓어진 경우 생길 수 있다.
④ 원두를 많이 담고 추출하였을 때 발생한다.

> **과소 추출의 원인**
> 굵은 분쇄도, 약한 탬핑, 적은 원두 양, 낮은 추출 온도, 낮은 추출 압력, 짧은 추출 시간, 넓어진 바스켓 필터 구멍 상태

25 에스프레소의 pH(산성도)는 얼마인가?

① 약 3.5 　② 약 5.2
③ 약 7.0 　④ 약 8.0

> 에스프레소는 약산성(pH5.2)을 띤다.

26 다음에서 설명하고 있는 에스프레소 배리에이션 음료는?

> 약 20ml 정도 용량의 농도가 진한 커피로, 에스프레소보다 짧은 시간에 추출한다.

① 도피오(Doppio)
② 리스트레또(Ristretto)
③ 에스프레소 마키아토(Espresso Macchiato)
④ 에스프레소 꼰빠냐(Espresso Con Panna)

> 에스프레소보다 짧은 시간(15초 내외)에 적은 양(15~20ml)을 추출한 것을 리스트레토(Ristretto) 또는 꼬르또(Corto)라고 한다.

27 에스프레소 마키아토에 대한 설명 중 틀린 것은?

① 에스프레소 위에 스팀 밀크를 소량 얹어서 제공한다.
② 마키아토는 '점', '얼룩'이라는 뜻이다.
③ 에스프레소보다는 부드럽고, 카푸치노보다는 진한 커피 맛을 느낄 수 있다.
④ 190ml의 잔에 에스프레소를 추출하고, 스팀 밀크와 고운 거품을 혼합한다.

> ④는 카푸치노에 대한 설명이다.

28 일반적으로 제공하는 잔의 크기가 다른 하나는?

① 카페라테(Caffe Latte)
② 에스프레소 솔로(Espresso Solo)
③ 룽고(Lungo)
④ 도피오(Doppio)

> 데미타세(60~80ml)에 제공하는 커피 음료로는 에스프레소 솔로, 도피오, 에스프레소 마키아토, 리스트레토, 룽고, 에스프레소 꼰빠냐가 있다. 카페라테는 250ml 이상의 큰 잔에 제공한다.

29 에스프레소에 휘핑크림을 얹어 조금 더 달고 부드럽게 즐기는 에스프레소 음료는?

① 에스프레소 마끼아또(Espresso Macchiato)
② 아인슈패너(Einspanner)
③ 카푸치노(Cappuccino)
④ 에스프레소 꼰 빠냐(Espresso Con Pana)

> Con은 '올리다', Pana는 '크림'을 뜻한다.

30 다음 룽고(Lungo)에 대한 설명 중 잘못된 것은?

① 에스프레소 솔로에 비해 농도가 연하다.
② 약 40초가량, 약 50ml 정도로 추출된 에스프레소 배리에이션 음료이다.
③ 쓴맛과 잡미 등 부정적인 향미로 인해 퀄리티가 낮은 커피로 평가받기도 한다.
④ 에스프레소 투 샷(50~60ml) 정도를 데미타세에 제공하는 음료이다.

④는 도피오(Doppio)에 대한 설명이다.

31 스팀 우유의 곱고 끈끈한 실키 폼(Silky Foam)이 포인트인 이탈리아 대표 커피 메뉴는?

① 카페오레(Café au Lait)
② 아메리카노(Americano)
③ 카푸치노(Cappuccino)
④ 아인슈페너(Einspanner)

이탈리아식 카푸치노는 부드럽고 촉촉한 우유 거품이 특징이며, 카푸친(Capuchin)이라고 하는 중세 카톨릭 수도회에서 이름이 유래하였다.

32 다음에서 설명하고 있는 커피 음료는?

- 진하게 내린 커피에 따뜻하게 데운 우유를 섞는 음료이다.
- 커피는 프렌치 프레스 또는 드립으로 추출한다.
- 진한 커피를 아침부터 마시면 속이 쓰리기 때문에 우유를 섞어 마시던 것에서 유래하였다.

① 카페라테(Caffe Latte)
② 카푸치노(Cappuccino)
③ 카페오레(Café au Lait)
④ 카페 모카(Caffè Mocha)

우유를 섞은 커피 음료는 나라마다 조금씩 차이가 있다. 프랑스에는 카페오레(Cafe au Lait), 이탈리아에는 카페라테(Caffe Latte), 스페인에는 카페 콘 레체(Cafe Con Leche)가 있다.

33 다음 중 카페 모카(Caffe Mocha)에 들어가지 않는 재료는?

① 휘핑크림
② 에스프레소
③ 초콜릿 시럽 또는 파우더
④ 우유

카페 모카는 에스프레소에 초콜릿 파우더나 초콜릿 시럽을 녹인 후 스티밍한 우유를 혼합시킨 커피 음료이다.

34 다음 중 위스키가 들어간 커피 음료는?

① 깔루아 커피(Kahlua Coffee)
② 아이리시 커피(Irish Coffee)
③ 비엔나 커피(Vienna Coffee)
④ 갈리아노 커피(Galliano Coffee)

아이리시 커피는 위스키를 베이스로 하여 커피와 휘핑크림으로 만든 칵테일이다.

35 다음 중 우유에 대한 설명으로 틀린 것은?

① 지방을 분리하지 않은 상태의 우유를 전유(Whole Milk)라고 한다.
② 우유에서 지방이 풍부한 부분을 따로 분리한 것을 탈지유(Skimmed Milk)라고 한다.
③ 우유의 약 88%는 수분이 차지한다.
④ 우유를 섞어서 많은 커피 음료를 만드는 이유는 우유의 고소함이 더해져 다양한 맛 연출이 가능하기 때문이다.

> 우유에서 지방이 풍부한 부분을 분리한 것을 크림(Cream)이라고 한다.

36 다음에서 설명하고 있는 우유의 살균 방법은?

> • 원유를 62~65℃에서 30분간 가열하며, 제조 비용이 높게 들고 처리 시간이 길다.
> • 원유의 풍미, 색, 단백질, 비타민, 유산균 등에 큰 변화를 주지 않는 장점이 있다.
> • '파스퇴르 살균법'이라고도 부른다.

① 초고온 멸균법(UHT)
② 고온 단시간 살균법(HTST)
③ 저온 장시간 살균법(LTLT)
④ 고압 증기 멸균법(HPST)

> 저온 장시간 살균법에 대한 설명이다.
> **우유의 살균법**
> • 초고온 멸균법(Ultra High Temperature Sterilization, UHT)
> • 고온 단시간 살균법(High Temperature Short Time, HTST)
> • 저온 장시간 살균법(Low Temperature Long Time, LTLT)

37 다음 중 우유를 살균하는 방법에 해당하지 않는 것은?

① 저온 장시간 살균법
② 고온 단시간 살균법
③ 초고온 멸균법
④ 건열 멸균법

> 건열 멸균법은 건열 멸균기를 이용하여 멸균하는 방법으로, 멸균기 내의 온도 160~180℃에서 1~2시간 가열한다. 유리제 기구류, 금속, 사기그릇 등의 멸균에 이용하는 방법이다.

38 우유에 함유된 성분 중 체내 칼슘 흡수를 촉진하는 물질은?

① 단백질
② 무기질
③ 유당
④ 불포화지방산

> 우유에 들어 있는 인, 유당은 칼슘의 체내 흡수를 돕는다.

39 다음에서 설명하고 있는 우유의 성분은 무엇인가?

> 우유를 마시고 소화가 잘 되지 않아서 위 장관 내에서 통증을 유발하는 경우가 있는데, 소장의 점막상피세포에 락타아제(Lactose)가 결손되었을 때 이 성분의 분해와 흡수가 잘 일어나지 않는 것이 원인이다.

① 유당
② 카세인
③ 락토알부민
④ 인지질

> 유당 불내증(Lactose Intolerance)에 대한 설명이다.

40 우유를 70℃ 이상의 높은 온도로 가열하면 비릿한 향의 가열취(Heat Flavor)가 생기는데, 이 가열취의 원인이 되는 성분은?

① 뷰티르산
② 알파−락토알부민
③ 베타−락토글로불린
④ 카세인

41 다음 중 우유의 성분과 영양학적 가치에 대하여 잘못 설명한 것은?

① 칼슘이 풍부해 뼈, 치아의 성장과 발육에 도움을 준다.
② 카세인과 유청 단백질은 근육 생성과 식욕 조절에 도움이 된다.
③ 유당은 혈당 지수가 낮아 혈당 조절에 좋아서 당뇨병 예방에 도움이 된다.
④ 철분 함량이 풍부하여 빈혈 예방에 효과적이다.

42 우유 스티밍을 할 때 적합하지 않은 우유는?

① 냉장 보관한 차가운 우유
② 무지방 우유
③ 전지우유
④ 단백질, 지방 함량이 높은 신선한 우유

43 우유 거품을 만들 때 거품 생성에 가장 중요한 역할을 하는 성분은?

① 칼슘
② 탄수화물
③ 지방
④ 단백질

44 우유를 스티밍할 때 형성된 거품의 유지력에 중요한 역할을 하여 밀도 있는 거품을 만드는 데 중요한 성분은?

① 지방
② 카세인
③ 인
④ 유당

45 다음 중 스티밍 과정에 대한 설명으로 잘못된 것은?

① 스팀을 열고 스팀 피처를 조금씩 아래로 내리면서 공기를 주입한다.
② 우유의 온도가 40℃가 되기 전에 공기 주입을 끝내는 것이 좋다.
③ 롤링 시 잘 혼합되도록 노즐 팁을 옆쪽으로 이동시킨다.
④ 스티밍은 오래 할수록 거품이 부드러워지므로 길게 하는 것이 좋다.

46 우유의 단백질 중 약 80%를 차지하는 성분은?

① 카세인(Casein)
② 락토알부민(Lacto-Albumin)
③ 리포단백질(Lipoprotein)
④ 락토글로불린(Lacto-Globulin)

> 우유 단백질의 80%는 카세인이며, 칼슘, 인, 구연산 등과 결합한 형태로 존재한다. 두부처럼 응고되는 성질이 있다.

47 우유 거품을 만드는 스티밍에 대한 내용으로 틀린 것은?

① 고객 취향에 맞춰 스티밍 온도는 50~90℃까지 다양하게 할 수 있다.
② 열전도율이 좋은 스테인리스 소재로 된 스팀 피처를 많이 사용한다.
③ 공기 주입과 혼합 가열의 숙련도에 따라 거품의 질, 온도, 두께 등이 결정된다.
④ 스티밍 전후로 스팀을 분사하고 스팀 노즐을 닦아 놓는 것이 좋다.

> 스티밍 우유의 적정 온도는 한국커피협회와 SCA 기준으로 55~55℃ 정도이나, 카페에서는 현실적인 이유로 조금 더 높은 온도(65℃ 정도)까지 스티밍하기도 한다. 70℃부터 가열취가 발생하며 비릿한 맛을 낸다.

48 스티밍을 끝냈을 때 거품은 충분히 올라왔으나 표면이 거칠고 굵은 거품이 보이는 경우의 원인으로 옳은 것은?

① 스팀 피처를 충분히 내리지 않아 공기 주입이 부족했다.
② 너무 높은 온도에서 스티밍을 종료하였다.
③ 스팀 노즐 팁이 피처 가운데 또는 너무 깊은 위치에 있었다.
④ 우유의 양이 부족하였다.

> 스팀 노즐 팁의 위치가 잘못되어 롤링이 제대로 되지 않았을 때, 그리고 스티밍 종료 전에 다시 공기 주입이 되었을 경우 거친 거품이 생성된다.

49 모든 세균, 미생물의 포자까지 완전 사멸시켜서 유통기한이 길고 상온 보관이 가능한 우유는?

① 멸균우유
② 저온 살균우유
③ 두유
④ 무균질 우유

> 멸균우유란 초고온 멸균법을 이용하여 모든 미생물을 완전히 사멸시킨 우유를 말한다.

50 아래의 설명에서 (   ) 안에 들어갈 내용으로 옳게 짝지어진 것은?

> 우유 스티밍을 할 때에는 공기 주입은 (㉠)가 되기 전에 완료하는 것이 좋고, 스티밍이 끝난 우유의 적정 온도는 일반적으로 (㉡)이다.

① ㉠ 30℃, ㉡ 40~50℃
② ㉠ 30℃, ㉡ 45~55℃
③ ㉠ 40℃, ㉡ 55~65℃
④ ㉠ 40℃, ㉡ 70~80℃

우유 스티밍에서 40℃ 이후에 공기가 주입되면 우유와 거품이 잘 혼합되지 않는다. 스티밍 우유의 적정 온도는 한국커피협회 기준 55~60℃, SCA 기준 55℃이고, 커피 전문점에서는 65℃까지도 이루어진다.

51 다음 중 라테 아트나 카푸치노 푸어링을 하면서 밀크 폼을 띄울 때 신경 써야 될 3가지 요소가 아닌 것은?

① 유량　　　　② 온도
③ 위치　　　　④ 낙차

라테 아트에서 푸어링을 할 때는 스티밍 우유를 에스프레소와 혼합할 때에는 잔에 우유를 붓고 띄우는 위치, 적절한 유량, 그리고 높낮이(낙차)에 유의해야 한다.

52 우유를 가열할 때 발생되는 이상취의 원인이 되는 가스 물질은?

① 염소
② 수소
③ 황화수소
④ 이산화탄소

우유를 가열하면 단백질 성분이 변형되면서 황화수소가 발생하고 휘발되면서 가열취와 이상취를 만든다.

53 다음 중 우유 거품을 만드는 스티밍 작업에 대한 설명으로 옳은 것은?

① 공기 주입은 최대한 많이 하는 것이 좋다.
② 공기 주입은 부드럽고 신속하게, 롤링은 길게 하는 것이 벨벳 밀크 폼 생성에 유리하다.
③ 스팀 노즐의 각도, 노즐 팁의 구멍 개수, 위치 등은 스티밍에 영향을 주지 않는다.
④ 우유의 양이 많을수록 스티밍하기에 좋으므로 스팀 피처는 큰 것을 사용한다.

① 카페라테와 카푸치노 등 음료에 따라 거품의 적정량이 다르기 때문에 그에 적절하게 공기주입이 필요하다.
③ 스팀 노즐의 각도, 노즐 팁 차이(구멍 크기 및 개수)에 따라 스티밍이 달라질 수 있다.
④ 우유의 낭비를 줄이기 위해서 음료의 양, 개수에 따라 그에 맞는 사이즈의 스팀 피처를 사용한다.

54 다음 중 카페라테와 카푸치노의 스티밍 과정에서 발생하는 차이점을 바르게 설명한 것은?

① 카페라테는 카푸치노보다 적은 양의 우유로 스티밍한다.
② 카푸치노는 스팀 노즐을 아주 조금만 내려 공기 주입을 적게 해서 스티밍을 끝낸다.
③ 라떼는 낮은 온도로, 카푸치노는 높은 온도로 스티밍을 종료한다.
④ 카페라테는 공기 주입을 적게, 카푸치노는 거품을 더 많이 내서 에스프레소에 혼합한다.

카페라테와 카푸치노의 차이점
• 우유의 양 : 카페라테 〉 카푸치노
• 거품의 양 : 카페라테 〈 카푸치노

55 이탈리아어로 '바(Bar) 안에 있는 사람'을 뜻하는 용어는?

① 소믈리에(Sommelier)
② 바리스타(Barista)
③ 파티셰(Patissier)
④ 셰프(Chef)

바리스타는 '바 안에 있는 사람'이란 뜻으로 원두의 선택부터 커피의 추출, 커피 머신(도구)의 올바른 활용, 고객 서비스까지 모두를 포함하는 개념의 이탈리아어이다.

56 물과 비교했을 때 에스프레소의 물리적 특성에 대하여 잘못 설명한 것은?

① 점도는 증가한다.
② 전기전도도는 증가한다.
③ 밀도는 감소한다.
④ 표면장력은 감소한다.

에스프레소는 물보다 밀도가 높다.

57 에스프레소 머신의 종류에 대한 설명 중에서 틀린 것은?

① 수동 머신(Munual Machine) : 모터의 힘으로 피스톤을 작동시켜 커피를 추출하는 방식을 말한다.
② 반자동 머신(Semi-Automatic Machine) : 별도의 그라인더를 통해 원두 분쇄, 팩킹이 이루어진다.
③ 자동 머신(Automatic Machine) : 메모리 기능이 있어서 추출량을 자동으로 세팅할 수 있다.
④ 전자동 머신(Fully Automatic Machine) : 그라인더가 내장되어 있어 별도의 원두 패킹 작업 없이 메뉴 버튼만으로 커피가 추출되는 방식이다.

수동 머신은 사람의 힘으로 피스톤을 작동시켜 추출하며 레버가 달린 최초의 에스프레소 머신 형태이다. 다른 머신에 비해 바리스타의 역량이 더 요구된다.

58 그룹 헤드 본체에서 나온 물을 4~6개의 물줄기로 갈라서 필터 전체에 골고루 압력이 걸리도록 해주는 부품은?

① 펌프모터
② 디퓨저
③ 솔레노이드 밸브
④ 플로우미터

디퓨저 또는 샤워홀더라고 하며, 그룹 헤드 안쪽에 장착되고 샤워 스크린, 개스킷이 고정되는 부분이다. 그룹 헤드 본체에서 나온 물을 4~6개의 물줄기로 갈라 필터 전체에 골고루 압력이 걸리도록 해준다.

59 커피를 추출할 때 그룹 헤드 안쪽에 위치하여 고온, 고압의 물이 새지 않도록 차단하는 역할을 하는 부품으로, 보통 고무로 만들어진 것은?

① 샤워 스크린(Shower Screen)
② 포터필터(Portafilter)
③ 가스켓(Gasket)
④ 스팀 팁(Steam Tip)

> 가스켓에 대한 설명이다. 가스켓은 고무로 되어 있어 시간이 지나면 경화되어 딱딱해지거나 갈라지게 된다. 커피 머신에서 주기적으로 교체가 필요한 부품이다.

60 에스프레소 머신과 연결되어 물을 공급해주는 연수기 청소에 사용하는 재료는?

① 설탕
② 베이킹 파우더
③ 구연산
④ 소금

> 연수기는 수돗물의 경도를 조절하는 역할을 한다. 연수기의 필터는 양이온 수지를 사용하는데 양이온 수지는 나트륨을 방출하고 칼슘과 마그네슘을 흡수해서 물을 부드럽게 만드는 역할을 한다. 따라서 소금(나트륨)을 넣으면 재생이 가능하다.

61 에스프레소 추출 과정에 대한 보기 중 잘못된 것은?

① 포터필터를 장착하고 나서 1분 정도 그룹 헤드의 열로 포터필터를 예열 후에 추출 버튼을 누른다.
② 따뜻한 커피를 추출할 때에는 항상 데워진 잔을 사용한다.
③ 추출과정은 끊김 없이 연속 동작으로 진행되어야 한다.
④ 전날 커피 머신을 청소하였다면, 에스프레소 첫 샷은 추출 시간, 양 확인을 끝내고 버리는 것이 좋다.

> 포터필터는 장착하고 나서 빠른 시간 안에 추출을 시작해야 한다. 샤워스크린이 젖어 있기도 하고 그룹 헤드의 높은 온도로 인해 원두의 변화가 생기기 때문이다.

62 에스프레소 과소 추출이 원인에 해당하지 않는 것은?

① 추출 시간이 너무 짧았다.
② 물의 온도가 일반적인 기준보다 높았다.
③ 원두 입자 분쇄도가 너무 굵었다.
④ 원두를 정량보다 많이 적게 담아 추출하였다.

> 과소 추출의 원인으로는 굵은 분쇄도, 약한 탬핑, 적은 양으로 원두 도징, 낮은 추출 온도, 높은 추출 압력, 짧은 추출 시간, 바스켓 필터 구멍의 넓어짐 등이다.

63 다음 중 데미타세에 제공하지 않는 커피 메뉴는?

① 도피오
② 에스프레소
③ 카페라테
④ 리스트레또

64 오스트리아에서 유래하여 아메리카노 위에 휘핑크림을 듬뿍 얹어 먹는 비엔나 커피로 불리었던 음료는?

① 카페 오레
② 카페 로얄
③ 플랫 화이트
④ 아인슈패너

65 스팀피처에 우유를 넣고 스티밍을 하는 과정에서 쇳소리 같은 소음이 크게 발생하였다. 원인은 무엇인가?

① 피처에 우유를 너무 많이 넣고 스티밍하였다.
② 유통기한이 지난 오래된 우유를 사용하였다.
③ 스팀 노즐 팁이 막혀서 수증기 유입이 제대로 되지 않았다.
④ 공기주입이 거의 되지 않아 거품이 형성되지 않았다.

Chapter 5

커피 향미 평가

01 다음 중 커피 플레이버를 평가하는 관능 평가 기준이 아닌 것은?

① 후각
② 시각
③ 미각
④ 촉각

> 커피 플레이버 관능 평가 기준으로는 후각, 미각, 촉각이 있다.

02 다음 중 효소작용에 의해 느껴지는 향의 종류가 아닌 것은?

① 풀 향기(Herby)
② 과일 향기(Fruity)
③ 꽃 향기(Flowery)
④ 견과류 향기(Nutty)

> 효소작용으로 인해 생성되는 향은 식물 상태에서 자연적으로 효소에 의해서 향기가 생성이 되고 휘발성이 강하여 가장 먼저 후각을 자극하는 향기들이다. 꽃 향기(Flowery), 과일 향기(Fruity), 풀 향기(Herby)가 여기에 포함된다.

03 다음에서 설명하고 있는 커피 향미의 생성 원인은 무엇인가?

> 로스팅 후반부에 가하는 열에 의해서 무겁고 휘발성이 약한 화합물이 생기며, 주로 송진 향(Turpeny), 향신료 향(Spicy), 탄 향(Carbony)이 느껴진다.

① 건열 반응(Dry Heat Reaction)
② 갈변 반응(Browning Reaction)
③ 효소 작용(Enzymatic Reaction)
④ 마이야르 반응(Maillard Reaction)

> 건열(건류) 반응은 로스팅 후반부에 가하는 열에 의해서 생두의 섬유질이 반응하여 분자량이 무겁고 휘발성이 약한 화합물이 생성되는 것을 말한다. 커피의 뒷맛에서 느껴지는 송진 향(Turpeny), 향신료 향(Spicy), 탄 향(Carbony)으로 나뉜다.

04 후각에 의해서 느낄 수 있는 다음 커피 향미 중에서 나머지와 생성 원인이 다른 것은?

① Nutty
② Caramelly
③ Spicy
④ Chocolaty

> 갈변 반응에 의한 향기로는 Nutty, Caramelly, Chocolaty가 있다.

05 커피의 향미를 평가하는 순서가 바르게 나열된 것은?

① 촉감 → 향기 → 맛
② 맛 → 향기 → 촉감
③ 향기 → 맛 → 촉감
④ 색깔 → 향기 → 맛

> 커피의 향미는 향기(후각) → 맛(미각, 후각) → 촉감(촉각)의 순서로 평가한다.

06 다음에서 설명하고 있는 커피 향기에 대한 옳은 표현은?

> 물에 젖은 상태의 커피 또는 추출한 커피에서 느껴지는 향으로 분자량이 적고 휘발성이 강하다. 주요 향기는 Fruity, Herbal, Nut–Like 등이 있다.

① Fragrance　　② Nose
③ Aftertaste　　④ Aroma

> 향을 맡는 단계 중에서 아로마(Aroma)에 해당한다.

07 커피 향을 맡는 단계 용어에 대한 설명 중 틀린 것은?

① 프래그런스(Fragrance) – 원두를 분쇄했을 때 나는 향기이다.
② 노즈(Nose) – 마실 때 느껴지는 향기로 Candy, Cyrup 등이 주요 향기이다.
③ 애프터테이스트(Aftertaste) – 커피를 마신 후 입 뒤쪽에서 나는 향을 말하며, Spicy, Turpeny 등이다.
④ 바디(Body) – 입안에서 느껴지는 향기로 Fruity, Herbal, Nut–Like 등이다.

> 입안에서 느껴지는 향기(Fruity, Herbal, Nut–like)는 아로마이고, 바디(Body)는 입안에서 느껴지는 물리적 촉감을 말한다.

08 프래그런스, 아로마, 노즈, 애프터테이스트로 구성되는 커피 전체 향기를 총칭하여 무엇이라고 하는가?

① 플레이버(Flavor)
② 부케(Bouquet)
③ 바디(Body)
④ 테이스트(Taste)

> 커피 향기의 총칭인 부케(Bouquet)는 와인에서도 동일하게 사용된다.

09 다음 중 향기의 강도를 약한 것부터 순서대로 나열한 것은?

① 플랫(Flat) 〈 라운디드(Rounded) 〈 리치(Rich) 〈 풀(Full)
② 플랫(Flat) 〈 라운디드(Rounded) 〈 풀(Full) 〈 리치(Rich)
③ 라운디드(Rounded) 〈 플랫(Flat) 〈 풀(Full) 〈 리치(Rich)
④ 라운디드(Rounded) 〈 플랫(Flat) 〈 리치(Rich) 〈 풀(Full)

> **향기의 강도**
> Flat(향기가 없을 때) 〈 Rounded(풍부하지도, 강하지도 않은) 〈 Full(풍부하지만 강도가 약한) 〈 Rich(풍부하면서 강한)

10 커피 맛을 감별하기 위한 기본적인 맛이 아닌 것은?

① 신맛
② 짠맛
③ 떫은맛
④ 단맛

> 커피의 기본적인 맛으로는 신맛, 단맛, 짠맛, 쓴맛이 있다.

11 다음 중 커피에서 느껴지는 신맛의 원인이 아닌 성분은?

① 카페산
② 옥살산
③ 말산
④ 시트르산

지방산, 클로로겐산, 옥살산, 말산, 시트르산, 타타르산 등이 커피에서 신맛의 원인이 된다.

12 다음 중 커피의 쓴맛을 나타내는 성분이 아닌 것은?

① 트리고넬린
② 환원당
③ 카페인
④ 페놀 화합물

카페인, 트리고넬린, 퀸산, 카페산, 클로로겐산, 페놀 화합물 등이 커피에서 쓴맛의 원인이 된다.

13 커피를 마실 때 느껴지는 향기를 지칭하는 용어는?

① 프래그런스(Fragrance)
② 애프터테이스트(Aftertaste)
③ 아로마(Aroma)
④ 노즈(Nose)

노즈(Nose)는 마실 때 느껴지는 향기로 Candy, Cyrup이 여기에 해당한다.

14 커피에서 느껴지는 맛에 대한 다음 설명 중 옳은 것은?

① 쓴맛은 카페인, 클로로겐산 등에 의해 느껴지는 맛이며, 좋은 커피의 맛은 쓴맛이 없어야 한다.
② 커피에는 염화나트륨이 많이 함유되어 있어 짠맛을 쉽게 느낄 수 있다.
③ 아라비카의 경우 커피의 재배 고도가 높을수록 더 신맛을 띠는 경향이 있다.
④ 로스팅을 통해 환원당, 캐러멜화당이 많이 생성되고, 단맛 성분이 강하게 느껴진다.

쓴맛은 커피의 향미와 풍미를 높이는 역할을 한다. 쓴맛이 전혀 없으면 커피에서 아무런 개성이 느껴지지 않아 통상적으로 나타나야만 하는 맛이다. 짠맛은 거의 느껴지지 않을 정도 미량의 염화나트륨만 포함되어 있다. 단맛 역시 강하게 느껴진다기보다는 주로 향기로 인해 과일의 단맛, 캐러멜 같은 단맛, 초콜릿 같은, 갈색 설탕 같은 단맛이 복합적으로 느껴진다고 할 수 있다.

15 커피의 쓴맛에 대한 설명으로 옳은 것은?

① 로스팅을 강하게 하면 카페인 외의 쓴맛 성분 농도가 높아지면서 쓴맛이 강해진다.
② 카페인은 커피에서 쓴맛을 내는 유일한 성분이다.
③ 유기산에 의해 쓴맛 성분이 두드러지게 나타난다.
④ 쓴맛을 내는 카페인 성분은 로스팅을 강하게 할수록 함량이 증가한다.

로스팅 시간이 길어지면 클로로겐산 락톤과 히드록시산 페닐린다인 성분이 증가하면서 쓴맛이 강해진다.

16 커피 짠맛에 기여하는 물질로 틀린 것은?

① 산화인
② 산화칼륨
③ 산화마그네슘
④ 클로로겐산

> 커피의 짠맛 성분은 산화무기물(산화인, 산화칼륨, 산화칼슘, 산화마그네슘)이 원인이다.

17 다음 중 (   ) 안에 들어갈 말로 알맞은 것은?

> (㉠)은(는) 커피를 먹는 중에 또는 먹은 후 입안에서 물리적으로 느껴지는 촉감을 말한다. 커피를 마실 때는 입안의 말초신경과 혀에서 커피의 점도(Viscosity)와 미끈함(Oilness)을 감지하게 되는데 이를 종합하여 (㉡)(이)라고 한다.

① ㉠ 마우스필(Mouthfeel),
   ㉡ 바디(Body)
② ㉠ 바디(Body),
   ㉡ 마우스필(Mouthfeel)
③ ㉠ 플레이버(Flavor),
   ㉡ 바디(Body)
④ ㉠ 애프터테이스트(Aftertaste),
   ㉡ 부케(Bouquet)

> 촉각(Mouthfeel)은 커피에서 느껴지는 물리적 촉감이며, 바디(Body)는 입안에서 느껴지는 커피의 점도와 미끈함 정도이다.

18 다음 중 지방 함량이 많은 것의 촉각(Mouth-feel) 표현을 순서대로 나열한 것은?

① Creamy 〉 Buttery 〉 Smooth 〉 Watery
② Creamy 〉 Buttery 〉 Watery 〉 Smooth
③ Buttery 〉 Creamy 〉 Watery 〉 Smooth
④ Buttery 〉 Creamy 〉 Smooth 〉 Watery

> **지방 함량에 따른 표현**
> Buttery(매우 기름짐) 〉 Creamy(기름짐) 〉 Smooth(부드러움) 〉 Watery(묽음)

19 커피 향기에 대한 다음 설명 중 틀린 것은?

① 프래그런스는 분쇄 커피 가루에서 나는 향기이며, 드라이 아로마(Dry Aroma)라고도 한다.
② 커피에서 나는 향기는 로스팅 과정을 통한 화학반응을 통해서만 생성된다.
③ 일반적으로 분자량이 크고 무거울수록 날카롭고 거칠게 느껴진다.
④ 향기는 기체 상태로만 느낄 수 있다.

> 커피의 향기는 커피나무가 성장하는 과정에서 자연적으로 생성되기도 하고, 로스팅을 통해 다양한 향기 요소들이 만들어지기도 한다.

20 다음 바디(Body)에 대한 설명으로 옳은 것은?

① 커피의 농도가 높아서 진하게 느껴질수록 바디감도 높게 느껴진다.
② 에스프레소는 크레마가 많을수록 바디감이 낮게 느껴진다.
③ 커피의 지방 성분 등에 의해 입안에서 느껴지는 점도와 미끈한 촉감을 말한다.
④ 약하게 로스팅한 커피에서 바디감을 더 강하게 느낄 수 있다.

> 커피의 농도와 바디감은 비례하지 않는다. 에스프레소는 크레마가 많을수록 바디감이 높게 느껴지며, 바디감은 지방 함량과 고형 성분의 양에 따라 차이가 난다.

21 다음에서 설명하고 있는 커피 향미 결점은?

> 커피에서 요오드 같은 약품 맛이 심하게 나며, 주로 자연 건조한 브라질 커피에서 많이 발생하는 향미 결점이다.

① Hidy
② Fermented
③ Rioy
④ Rubbery

> Rioy는 커피 열매가 너무 오래 매달려 있음으로써 효소 활동을 유발하는 박테리아로 인해 느껴지는 수확 단계에서의 향미 결점이다.

22 저장과 숙성 단계에서의 향미 결점을 나타내는 용어가 아닌 것은?

① 풀 냄새 같은(Grassy)
② 나무 냄새 같은(Woody)
③ 짚 냄새 같은(Strawy)
④ 흙 냄새 같은(Earthy)

> Earthy는 수확과 건조 단계에서의 향미 결점이다.

23 로스팅 이후 변화에 따른 다음의 설명에서 (   ) 안에 들어갈 향미 결점으로 옳은 것은?

> (㉠)은(는) 로스팅 이후 산패가 진행되어 향기 성분이 소멸되어 발생하는 결점을 말하며, (㉡)은(는) 유기물질이 소실되어 추출된 커피에서 향이 느껴지지 않는 향기 결점이다.

① ㉠ Flat, ㉡ Stale
② ㉠ Flat, ㉡ Vapid
③ ㉠ Vapid, ㉡ Flat
④ ㉠ Rancid, ㉡ Flat

> **향미 결점**
> • Insipid : 원두의 섬유조직에 산소와 습기가 침투하여 커피의 플레이버 성분이 소실되면서 추출된 커피에서 맥 빠진 맛이 느껴지는 맛의 결점
> • Stale : 산소와 습기가 커피의 유기물질에 안 좋은 영향을 주거나 로스팅 후 불포화지방산이 산화되어 불쾌한 맛이 느껴지는 맛의 결점
> • Rancid : 원두에 산소와 습기가 침투하여 지방 성분이 산화하면서 발생하는 맛의 결점

24 커피를 추출했을 때 땅콩 맛이 느껴지는 결점으로, 덜 익은 커피 열매를 수확해서 추출했을 때의 맛의 결점은?

① Quakery
② Aged
③ Wild
④ Green

> 퀘이커(Quaker)는 덜 익은 커피 열매를 수확하여 로스팅한 후 현저히 밝은 색깔을 띠는 결점두를 말하며, 퀘이커리(Quakery)는 퀘이커의 향미 결점이다.

25 SCA에서 커핑(Cupping)을 실시하는 주된 이유에 해당하지 않는 것은?

① 원두의 품질을 평가하기 위해
② 결점두를 분별하기 위해
③ 생두의 등급을 분류하기 위해
④ 원가를 높이기 위해

> 커핑을 통해 커피의 생산 이력을 명확히 하고, 고유 향미를 확인, 결점두 분류, 생두의 등급을 평가한다.

26 SCA 커핑 항목에 해당하지 않는 요소는?

① 쓴맛(Bitterness)
② 클린 컵(Clean Cup)
③ 신맛(Acidity)
④ 감미(Sweetness)

> 쓴맛은 SCA 커핑 항목에 해당하지 않는다.

27 다음 중 SCA 커핑에 대한 내용으로 틀린 것은?

① 샘플 원두는 로스팅한 지 8~24시간 이내의 원두를 상온 보관하여 준비한다.
② 분쇄는 커핑 전 15분 이내에 실시한다.
③ 로스팅은 애그트론 넘버(Agtron No.) 55~60의 원두로 커핑한다.
④ 정확한 커핑을 위해 물은 미네랄이 포함되어 있지 않은 정수된 물을 사용한다.

> SCA 커핑에는 용존 미네랄 함량 100~200ppm의 물을 사용한다.

28 커핑 평가 순서를 옳게 나열한 것은?

① 아로마 → 브레이킹 아로마 → 플레이버 → 프래그런스
② 플레이버 → 프래그런스 → 아로마 → 브레이킹 아로마
③ 프래그런스 → 플레이버 → 아로마 → 브레이킹 아로마
④ 프래그런스 → 아로마 → 브레이킹 아로마 → 플레이버

> **커핑 순서**
> 분쇄 원두의 프래그런스 체크 → 물을 붓고 Wet Aroma 체크 → 브레이크 아로마 체크 → 스키밍&슬러핑하여 플레이버 체크 → 애프터테이스트 체크

29 다음에서 설명하고 있는 커핑 과정의 용어는?

> 플레이버, 애프터테이스트, 산미, 바디, 밸런스 등을 본격적으로 평가하는 과정이다. 스푼으로 커피를 떠서 입술에 대고 혀에 뿌려주듯 강하게 빨아들이는 방법이다.

① 브레이킹(Breaking)
② 스키밍(Skimming)
③ 슬러핑(Slurpping)
④ 푸어링(Pouring)

> **슬러핑(Slurpping)**
> 커피를 스푼으로 떠서 입술에 대고 혀에 뿌리듯이 빨아들이는 방법이다. 스키밍이 끝난 추출 커피의 온도가 70℃ 정도가 되면, 스푼을 이용해 입안으로 강하게 흡입하여 플레이버(Flavor), 애프터테이스트(Aftertaste), 산미(Acidity), 바디(Body), 밸런스(Balance) 등을 평가한다.

30 SCA 커핑 평가 항목에 대한 설명으로 틀린 것은?

① 클린 컵 : '커피의 맑기'이며, 커피를 입에 머금은 순간부터 애프터테이스트까지의 부정적인 요소와 깔끔함 정도를 평가한다.
② 오버롤 : 커피 플레이버에 대한 종합적인 평가로, 결점두 점수를 뺀 최종 점수이며 가장 객관적인 평가이다.
③ 감미 : 풍부한 플레이버와 부드러운 은은한 단맛을 평가한다.
④ 동일성 : 5개 샘플의 향과 맛의 균일함을 말한다.

오버롤(Overall, 종합)은 커퍼(Cupper)의 개인적인 주관, 취향이 반영되는 유일한 항목이다.

31 SCA 커핑 규정에서는 최종 평점(Final Score) 몇 점 이상을 스페셜티 커피(Specialty Coffee)라고 하는가?

① 60점
② 70점
③ 80점
④ 90점

SCA Cupping 규정에서는 Final Score 80점 이상을 스페셜티 커피(Specialty Coffee)로 분류한다.

32 다음에서 설명하고 있는 내용에 대하여 맞는 용어는?

1999년 브라질에서 처음 시작되었고, 국제 커피기구(ICO)에서 품질 좋은 커피를 생산하는 나라들이 제대로 보상받을 수 있도록 만들어졌다. 소비자에게는 품질 좋은 생두를 구매할 수 있는 기회를, 생산자에게는 품질에 따른 적절한 보상을 통해 더 나은 커피 생산의 동기 부여가 되는 생산 국가별 평가 시스템이며 자체 커핑 규정에 의해 평가한다.

① 공정무역 커피
② 스페셜티 커피
③ 컵 오브 엑설런스
④ 지속 가능 커피

COE(Cup Of Excellence)에 관한 설명이다. 브라질 COE, 콜롬비아 COE, 에티오피아 COE 등으로 하나의 국가 안에서 경쟁하는 시스템이다.

33 커피를 마셨을 때 느껴지는 향기와 맛의 복합적인 느낌을 나타내는 용어는?

① 플레이버(Flavor)
② 테이스트(Taste)
③ 프래그런스(Fragrance)
④ 아로마(Aroma)

커피의 향기와 맛의 복합적인 느낌을 플레이버(Flavor)라고 한다. 프래그런스(Fragrance)는 분쇄된 원두의 향기, 아로마(Aroma)는 물에 젖은 상태의 커피, 또는 추출한 커피에서 느껴지는 향기를 뜻한다.

34 커피 향기의 강도를 나타내는 용어에서, 풍부하지만 강도가 약한 향기(Full&Not Strong)을 나타내는 것은?

① 리치(Rich)
② 풀(Full)
③ 라운디드(Rounded)
④ 플랫(Flat)

- 리치(Rich) : 풍부하면서 강한 향기(Full&Strong)
- 풀(Full) : 풍부하지만 강도가 약한 향기(Full&Not Strong)
- 라운디드(Rounded) : 풍부하지도 않고 강하지도 않은 향기(Not Full&Not Strong)
- 플랫(Flat) : 향기가 없을 때(Absense of Any Bouquet)

35 커피 단맛의 원인이 아닌 성분은?

① 트리고넬린
② 환원당
③ 단백질
④ 캐러멜

커피의 단맛을 나타내는 성분은 환원당, 캐러멜, 단백질이다. 트리고넬린은 커피 쓴맛의 25% 정도를 차지한다.

36 다음 ( ) 안에 들어갈 말로 바르게 짝지어진 것은?

짠맛과 ( )은 온도가 높아지면 상대적으로 약하게 느껴지고, ( )은 온도의 영향을 거의 받지 않는다.

① 단맛 － 쓴맛
② 신맛 － 단맛
③ 단맛 － 신맛
④ 쓴맛 － 단맛

단맛과 짠맛은 온도가 높으면 덜 느껴지고, 신맛은 온도의 영향을 거의 받지 않는다.

37 다음에서 설명하는 향미 결점은?

수확과 건조 단계에서 생두 속 지방에 의해 나타나는 향미 결점으로, 지방 성분이 곰팡이 냄새를 흡수하거나 건조 시에 생두가 곰팡이와 접촉하여 발생한다.

① 러버리(Rubbery)
② 머스티(Musty)
③ 하이디(Hidy)
④ 얼시(Earthy)

머스티(Musty)에 대한 설명으로 곰팡이 냄새가 나는 결점이다.

38 커피의 촉각(Mouthfeel)을 고형 성분의 양에 따라 구분했을 때 양이 많은 순부터 바르게 나열한 것은?

① Thick(진함) – Heavy(중후함) – Light(연함) – Thin(묽음)
② Buttery(매우 기름짐) – Creamy(기름짐) – Smooth(부드러움) – Watery(묽음)
③ Heavy(중후함) – Thick(진함) – Thin(묽음) – Light(연함)
④ Buttery(매우 기름짐) – Creamy(기름짐) – Watery(묽음) – Smooth(부드러움)

39 커피 샘플의 다양한 맛과 향의 특성을 체계적으로 평가하는 작업을 뜻하는 것은?

① 커핑(Cupping)
② 블렌딩(Blending)
③ 테이스팅(Tasting)
④ 샘플링(Sampling)

커피 샘플의 다양한 맛과 향의 특성을 체계적으로 평가하는 작업은 커핑(Cupping)이라 하고, 이런 작업을 전문적으로 수행하는 사람은 커퍼(Cupper)라고 한다.

40 SCA 커피 커핑 샘플을 준비할 때 로스팅은 커핑 8~24시간 이내에 이루어져야 하고 8~12분 사이로 로스팅 되어야 한다. 로스팅 정도는 SCA 단계에서 얼마 정도가 되어야 하는가?

① #25
② #45
③ #55
④ #75

로스팅 정도는 SCA Agtron No.55~60 정도여야 한다.

커피 서비스

01 다음 중 커피 성분인 카페인의 효과로 틀린 것은?

① 중성지방을 분해하며 체중 감량에 도움을 준다.
② 아스피린과 같은 진통 효과를 증강시키는 작용을 한다.
③ 뇌의 신경 전달 물질의 생성, 분비 촉진으로 각성 효과가 있다.
④ 심장 박동수를 감소시켜 진정 효과가 있다.

> 카페인은 부교감 신경을 자극하고, 심근의 직접적인 수축력을 증가시켜 심박수를 빠르게 하여 부정맥에 대한 위험성을 높일 수 있다.

02 커피 과다 섭취 또는 금단현상의 부작용이 아닌 것은?

① 칼슘 배출을 촉진시켜 폐경기 여성의 경우 골다공증 위험성이 증가한다.
② 위궤양을 유발할 수 있다.
③ 간에 부담을 주어 간경화, 간질환을 유발할 가능성이 있다.
④ 금단 현상으로 불면증, 두통 등의 증세가 발생할 수 있다.

> 하루 1~3잔의 커피 섭취는 간암, 간질환 발생률을 낮춘다는 연구 결과가 있다.

03 카페에서 많이 사용하는 우유의 보관 온도로 적절한 것은?

① 냉장 5℃
② 냉장 20℃
③ 냉동 −5℃
④ 냉동 −18℃

> 우유는 냉장 5℃ 정도로 보관하는 것이 적절하다.

04 다음에서 설명하고 있는 커피의 성분은?

> 탄화수소의 일종으로 커피 위에 떠 있는 기름 성분이며, 특히 에스프레소의 크레마에 많이 포함되어 있다. 우리 몸에서 항염, 항암 효과의 장점도 있지만, 2007년 미국의 한 의과대학 연구에서는 커피의 이 성분이 저밀도콜레스테롤(LDL)의 수치를 높인다고 발표되었다. 종이 필터를 이용할 경우 95% 정도가 걸러져서 조금 더 건강하게 커피를 즐길 수 있다.

① 카페인(Caffeine)
② 폴리페놀(Polyphenol)
③ 카페스톨(Cafestol)
④ 리놀레산(Linoleic Acid)

> 카페스톨은 생두를 로스팅하고 뜨거운 물로 추출할 때 나오는 커피의 기름 성분이다.

05 음료 분류에서 커피는 어디에 속하는가?

① 기호 음료
② 영양 음료
③ 청량 음료
④ 알코올 음료

> **음료의 분류**
> • 영양 음료 : 건강에 도움을 줄 수 있는 비알코올 음료로, 우유와 주스등이 해당된다.
> • 기호 음료 : 영양학인 면보다 심리적, 생리적 욕구에 의하여 마시는 음료로, 커피, 차, 술 등이 해당된다.
> • 청량 음료 : 이산화탄소를 함유하는 비주정발포성 음료로 콜라, 소다수, 사이다 등이 해당된다.

06 커피를 많이 마실 경우 반드시 보충해 주어야 할 영양소는 무엇인가?

① 나트륨(Na) ② 칼륨(K)
③ 칼슘(Ca) ④ 인(P)

> 커피의 카페인은 칼슘의 흡수를 방해한다.

07 다음 중 커피에 함유된 폴리페놀에 대한 설명으로 잘못된 것은?

① 헬리코박터균을 박멸하여 충치 발생 억제 효과가 있다.
② 노화 방지 및 세포 산화 방지 효과가 있다.
③ 전분이 당으로 분해되는 것을 막기 때문에 당뇨에도 효과가 있다.
④ 커피 성분 중 클로로겐산이 폴리페놀의 일종이다.

> 폴리페놀은 커피 성분 중 클로로겐산에 해당하며 항산화 효과, 포도당 흡수 저해, 스트레스 해소, 체중 감량 등에 효과가 있다.

08 커피의 영양학적 효능에 대한 설명 중 틀린 것은?

① 식이섬유, 펜토산, 전분 등을 함유하고 있고, 성인병 예방 및 다이어트 효과가 있다.
② 다량의 무기질 중 마그네슘(Mg)이 많아 혈압 유지에 도움을 준다.
③ 장 건강에 유익한 유산균을 활성화시킨다.
④ 체내에서 생성되지 않는 필수지방산 중 하나인 리놀레산(Linoleic Acid)이 포함되어 있다.

> 커피의 무기질 성분 중에서는 칼륨 성분이 가장 많다. 칼륨은 나트륨과 균형을 이루어 혈압 유지에 도움이 되고, 에너지 대사 및 뇌 기능을 활성화하는 물질이다.

09 매장에서 식재료 보관 시 냉장, 냉동 저장에 적합한 온도는?

① 냉장 3℃ 이하, 냉동 −15℃ 이하
② 냉장 5℃ 이하, 냉동 −18℃ 이하
③ 냉장 7℃ 이하, 냉동 −20℃ 이하
④ 냉장 10℃ 이하, 냉동 −25℃ 이하

> **식재료 저장(보관) 방법**
> • 상온 저장 : 15~25℃에서 저장
> • 냉장 저장 : 5℃ 이하에서 저장
> • 냉동 저장 : −18℃ 이하에서 저장
> • 건조 저장 : 온도 15~21℃, 습도 50~60% 상태를 유지

10 생두(Green Bean)의 보관 방법으로 적절한 것은?

① 오래 보관이 가능한 냉동 보관이 좋다.
② 햇볕이 잘 드는 곳에 보관하여야 한다.
③ 햇볕을 피하고 지하실 등 습기가 많은 곳에 보관해야 한다.
④ 다습한 곳을 피하고 상온에서 보관한다.

진공 질소 충전 포장이 가장 과학적인 커피 보관 방법이지만, 일반적인 가정에서 생두를 보관하는 가장 좋은 방법은 습기를 피하고, 직사광선과 바람을 피해 상온에서 보관하는 것이다.

11 다음에서 설명하고 있는 내용은?

먼저 입고된 것부터 순차적으로 출고되는 개념을 말한다. 식품에서는 먼저 구입한 식재료를 우선적으로 쓰도록 앞쪽에, 늦게 입고된 식재료를 뒤쪽에 보관하는 위치 선정 방법이 중요하다.

① 표준저장법
② 선입선출법
③ 식품관리법
④ 식품위생법

선입선출법(First In First Out, FIFO)에 관한 설명이다.

12 식품의 가공 기구, 식기 등의 살균 방법 중 자외선 살균법에 대한 설명으로 옳은 것은?

① 감마선을 투과시켜 세균의 DNA를 손상시켜 사멸하는 살균법이다.
② 자외선은 물질의 표면과 내면을 투과할 수 있다.
③ 대부분의 미생물에 효과가 있는 살균 방법이다.
④ 살균력이 강한 $3,500\,Å$의 자외선(UV)을 이용한다.

자외선 살균법은 살균력이 강한 $2,537\,Å$의 자외선(UV)을 방출하여 세균 등의 핵산(DNA)을 변화시켜 사멸시키거나 증식력을 잃게 하여 살균하는 방법으로, 대부분의 미생물에 효과가 있다.

13 식음료 및 재료 취급 시 주의사항으로 옳지 않은 것은?

① 작업 전 손을 깨끗이 씻고, 필요할 경우 위생 장갑을 착용한다.
② 차가운 음료는 $4\,℃$ 정도로 보관한다.
③ 뜨거운 음료와 식품은 최대한 뜨겁게 유지해서 보관한다.
④ 유제품은 냉장 보관하고, 유통기한이 지난 것은 바로 폐기한다.

뜨거운 음료, 식품을 저장할 때에는 상온 정도의 온도가 된 후 밀봉하여 냉장 또는 냉동 보관한다.

14 다음에서 설명하고 있는 시스템은 무엇인가?

> 식품의 원재료부터 제조, 가공, 보존, 유통, 조리 단계를 거쳐 최종 소비자에 이르기까지 각 단계에서 발생할 우려가 있는 위해요소를 규명하고, 이를 중점적으로 관리하기 위한 중요 관리점을 결정하여, 자율적이고 체계적이며 효율적인 관리로 식품의 안정성을 확보하기 위한 과학적인 위생 관리 체계이다.

① 유기농(Organic)
② 우수관리인증(GAP)
③ 안전품질식품(SQF)
④ 해썹(HACCP)

> HACCP(Hazard Analysis Critical Control Point)
> 해썹(HACCP)은 위해요소 분석(Hazard Analysis)과 중요 관리점(Critical Control Point)의 영문 약자로서 '위해요소 중점 관리 기준'이라고 한다.

15 식품위생법상 감염성 질환으로 영업에 종사하지 못하는 질병은?

① 파라티푸스
② 비감염성 결핵
③ 인플루엔자
④ 홍역

> [감염병의 예방 및 관리에 관한 법률 시행규칙] 제33조 제1항에 따라 다음 어느 하나 감염병에 해당하는 자는 영업에 종사하지 못한다. 콜레라, 장티푸스, 파라티푸스, 세균성 이질, 장출혈성대장균감염증, A형간염

16 식중독 예방 3대 원칙에 해당하지 않는 것은?

① 청결의 원칙
② 신속의 원칙
③ 살균, 소독의 원칙
④ 냉각, 가열의 원칙

> **식중독 예방 3대 원칙**
> • 청결의 원칙
> • 신속의 원칙
> • 냉각 또는 가열의 원칙

17 식품위생법에서 식품을 제조, 가공, 보존하는 과정에서 식품에 넣거나 섞는 데 사용하는 것은?

① 식품첨가물
② 화학합성물
③ 식품가공물
④ 보조첨가물

> **식품첨가물**
> 식품을 제조, 가공 또는 보존하는 과정에서 식품에 넣거나 섞는 물질 또는 식품을 적시는 등에 사용되는 물질을 말한다. 이 경우 기구 용기, 포장을 살균, 소독하는 데 사용되어 간접적으로 식품으로 옮겨갈 수 있다.

18 카페나 식음료 영업장의 서비스 중에서 '해피 아워(Happy Hour)'에 대한 의미로 옳은 것은?

① 영업시간 이외의 시간대에 매장을 추가 운영하는 서비스
② 1년 중 특정한 때에 고객에 대한 감사를 보답하는 서비스
③ 하루 중 특정 시간에 환기, 소독 등의 위생 점검을 하는 서비스
④ 손님이 드문 시간대에 가격을 할인하거나 음료 등을 무료로 제공하는 서비스

> 해피 아워(Happy Hour)란 식음료 매장에서 하루 중 손님이 드문 시간대를 이용하여 저렴한 가격이나 무료로 음료 및 간단한 간식거리 등을 제공하는 서비스를 말한다.

19 다음 영업장의 안전 관리에 대한 내용 중 옳은 것은?

① 전기로 인한 화재 발생 시에 근처의 물을 이용하여 진압한다.
② 유독가스가 발생한 경우 옷이나 수건 등을 이용하여 입, 코를 가리고, 가급적 상체를 세워서 유도등을 따라 대피한다.
③ 지진 발생 시 고층에서는 엘리베이터를 타고 지상으로 대피한다.
④ 정전 시에는 위험한 행동을 삼가하며 상황이 진정되면 밖으로 탈출한다.

> ① 전기로 인한 화재 진압 시 물을 뿌리면 감전의 위험이 있다.
> ② 유독가스 발생 시 가급적 낮은 자세로 대피한다.
> ③ 지진이 발생하였을 경우 정전이 되면 엘리베이터는 갇힌 사고가 일어날 수 있다.

20 다음 중 커피 등 식음료 서비스 방법으로 틀린 것은?

① 주문은 고객의 왼쪽에서 받고, 음료 제공은 오른쪽에서 한다.
② 음료를 제공할 때에는 여성 고객 우선으로, 연장자, 남성 고객 순으로 서비스한다.
③ 잔과 스푼의 손잡이가 고객 기준 오른쪽으로 향하도록 한다.
④ 음료를 완성 시 작업대 정리를 먼저 한 후 고객에게 제공한다.

> 음료는 완성 후 최대한 신속하게 제공한다.

21 카페에서 매월 월말에 실시하는 인벤토리(Inventory) 조사는 무엇인가?

① 매출액 조사　　② 순수익 조사
③ 재고량 조사　　④ 사용량 조사

> 인벤토리(Inventory)는 재고, 보관 물품을 의미한다.

22 다음 매장 서비스 및 관리에 대한 내용 중 옳은 것은?

① 고객은 전문성 있는 바리스타에게 서비스받기를 원하므로 자기 계발을 게을리하지 않는다.
② 고객과의 친밀감을 갖기 위해 적극적으로 고객의 대화에 참여한다.
③ 고객 클레임 발생 시 일단 핑계를 대고 빠르게 상황을 모면한다.
④ 고객의 분실물을 습득한 경우 보안을 위해 다른 직원에게 공유하지 않고 개별적으로 보관한다.

> 서비스의 기본 자세를 숙지하고, 적절한 고객 관리 및 응대가 필요하다.

23 커피에 함유된 카페인과 건강에 대하여 잘못 설명한 것은?

① 하루 3잔 이상의 커피 섭취는 폐경기 여성의 경우 골다공증의 간접적인 원인이 된다.
② 임산부의 커피 과다 섭취는 태아의 혈중 카페인 농도를 높일 수 있다.
③ 위염, 위궤양 증상을 완화시켜주는 효과가 있다.
④ 카페인은 위장관에 빠르게 흡수, 대사되므로 공복시에는 커피 음용을 자제하는 것이 좋다.

카페인은 위산 분비를 촉진시키기 때문에 공복에 과다 섭취는 위염, 위궤양을 유발하거나 증상을 악화시킬 수 있다.

24 병원체가 음식물, 음료수, 식기, 손 등을 통해 감염되는 질병으로 주로 소화기 계통에 발생하는 전염병을 무엇이라 하는가?

① 경구전염병
② 급성전염병
③ 만성질환
④ 인수공통전염병

경구전염병에 대한 설명이며, 경구전염병은 세균성(콜레라, 장티푸스, 이질, 디프테리아 등)이 있고, 바이러스성(폴리오, 간염, 천열 등)이 있다.

25 다량의 커피를 섭취하면 커피의 폴리페놀 성분에 의해 우리 몸에 흡수율이 떨어지는 무기질은 무엇인가?

① 아연(Zn)
② 몰리브덴(Mo)
③ 요오드(I)
④ 철분(Fe)

커피의 클로로겐산에 많은 폴리페놀 성분은 자신이 가진 전자를 다른 물질에 쉽게 주는 성질을 가지고 있고 철분은 반대로 전자를 흡수하는 성질을 가지고 있어 철분과 폴리페놀이 결합하게 되면 몸 밖으로 쉽게 배출이 된다. 따라서 커피를 많이 마시면 우리 몸에서 철분 흡수율이 떨어지게 된다.

26 커피 음료를 제공하는 원칙에 대해 잘못 설명한 것은?

① 여성 우선 원칙으로 제공하고, 연장자, 남자 순으로 서비스한다.
② 커피를 제공할 때에는 커피 잔의 손잡이와 커피 스푼의 손잡이가 고객의 방향에서 왼쪽으로 향하도록 한다.
③ 쟁반(트레이)에 받쳐 운반하며 고객의 오른쪽에서 오른손으로 서비스한다.
④ 음료가 완성된 후에는 최대한 신속하게 제공한다.

잔의 손잡이와 스푼의 방향은 고객의 시선에서 오른쪽으로 향하도록 한다.

27 카페의 매장 안전 관리 방법 중 사고에 대응하는 방법에 대하여 잘못 설명한 것은?

① 안전사고 발생 시에는 신속하고 적절하게 초기 대응을 한다.
② 감전사고 시에는 사고자를 안전한 장소로 구출하고, 의식, 화상, 출혈 상태를 확인한다. 필요시에는 인공호흡 등 응급처치를 하고 119에 신고한다.
③ 전기 화재의 경우 신속하게 물을 뿌려 화재를 빠른 시간 안에 진압한다.
④ 유독 가스 발생 시에는 옷이나 수건 등을 이용하여 호흡기를 가리고 가급적 낮은 자세로 대피한다.

전기 화재는 물을 뿌리면 감전의 위험이 있으므로 분말 소화기를 이용하여 진압한다.

28 지진 발생 시 행동 요령에 대하여 틀린 설명은?

① 벽면 또는 책상 아래로 몸을 숙여서 대피한다.
② 충격에 대비해 기둥 및 손잡이 등의 고정물을 꽉 잡는다.
③ 전화 등 통신이 가능한 방법을 이용하여 본인의 위치를 119에 알린다.
④ 위험한 행동은 삼가고 엘리베이터 등을 이용하여 신속히 밖으로 탈출한다.

지진에 의해 정전이 되었을 경우 엘리베이터에 갇힐 수 있으므로 엘리베이터 이용은 삼가고, 상황이 진전되고 나서 계단을 이용하여 밖으로 탈출하는 것이 좋다.

29 다음 중 카페의 개업 및 영업하는 과정에서 신경 써야 할 것과 가장 거리가 먼 법규는?

① 소방법
② 식품위생법
③ 문화관광촉진법
④ 건축법

카페 운영에서 안전과 보건, 위생과 관련된 법규들은 소방법, 건축법, 보건법, 식품위생법 등이다. 문화관광촉진법은 관련이 없다.

30 카페 등 영업점에서 영업 시작 전에 필요한 식재료만큼 준비해 두는 것을 무엇이라 하는가?

① 파 스톡(Par Stock)
② 데일리 스톡(Daily Stock)
③ 바 스톡(Bar Stock)
④ 해피 아워(Happy Hour)

영업점에서 물품 공급을 원활하게 함으로써 신속한 서비스를 도모하기 위한 목적에서 일정 수량의 식료재고를 저장고에서 인출하여 영업장의 진열대나 기타 장소에 보관하고 필요할 때 사용하는 재고를 말한다. 즉 저장되어 있는 적정재고량을 의미한다.

해설과 따로 풀어보는
모의고사

01 커피나무가 처음 발견된 것으로 알려진 나라는?

① 예멘   ② 콜롬비아
③ 브라질   ④ 에티오피아

02 한 목동이 자기가 키우던 염소가 평소와 다른 행동을 하는 모습을 보고 커피를 발견했다고 알려진 기원설은?

① 모하메드의 전설
② 오마르의 전설
③ 가브리엘의 전설
④ 칼디의 전설

03 다음 내용에 해당하는 커피의 기원설은?

> 이슬람의 한 수도사가 역병을 치료하러 모카로 가게 되었고, 그곳에서 성주의 딸을 치료하다가 부도덕한 일을 저질러서 척박한 지형이었던 우자프 산으로 추방당하게 되었다. 그러다가 새가 빨간 열매를 먹는 것을 보고 그 열매를 먹게 되었고, 힘이 솟는 걸 느껴 커피나무를 발견하였다고 하는 일화가 전해진다.

① 오마르의 전설   ② 모하메드의 전설
③ 칼디의 전설   ④ 가브리엘의 전설

04 오늘날 커피(Coffee)의 어원으로 알려진 아랍어는?

① 카페(Cafe)
② 카흐베(Kahve)
③ 카와(Qahwah)
④ 코피(Koffie)

05 커피를 다음과 같이 기록한 인물은?

> 9세기경 아라비아 의학자였던 그는 자신의 문헌에서 커피를 '뜨겁고 건조한 성질을 가지고 있으며, 소화, 위장에 좋다'라고 기술하며, 그 명칭을 분춤(Bunchum) 또는 분카(Bunca)라고 소개하였다.

① 바바 부단   ② 라제스
③ 린네   ④ 오마르

06 커피의 역사를 서술한 것으로 틀린 것은?

① 6세기경 예멘에서 처음으로 커피나무 경작을 시작하였다.
② 튀르키예는 오스만 제국 당시 이집트 정벌에서 커피를 들여오기 시작하였고, 1517년 콘스탄티노플에 최초의 커피하우스가 개장되었다.
③ 1600년경 베니스의 상인들에 의해 유럽으로 조금씩 커피가 전파되기 시작하였고, 유럽에서는 처음부터 커피가 인기를 끌어 널리 퍼지게 되었다.
④ 이슬람권에서 종자반출이 엄격히 금지되었던 때에 1585년 인도 승려인 바바 부단의 밀반출로 인해 인도 남부에서도 커피 경작이 시작되었다.

07 다음에서 설명하는 지역은?

> 지금은 홍차 산지로 널리 알려져 있지만, 18세기 중반 커피녹병으로 커피 산지가 황폐화되기 전까지 아라비카 커피 산지로 유명했던 스리랑카의 옛 지명이다.

① 자바 　② 모카
③ 메카 　④ 실론

08 17세기 이후 세계의 많은 도시에서 문을 연 커피하우스 중 가장 먼저 시작된 곳은 어디인가?

① 카페 르 프로코프(Café Le Procope)
② 카페 플로리안(Florian)
③ 거트리지 커피하우스(Gutteridge Co‐ffeehouse)
④ 카페 그레코(Caffé Greco)

09 1732년 커피에 관한 에피소드를 담아 '커피 칸타타(Coffee Cantata)'를 작곡한 음악가는?

① 바흐(Bach)
② 베토벤(Beethoven)
③ 브람스(Brahms)
④ 모차르트(Mozart)

10 옥스포드 타운의 커피하우스에서 결성되어 오랜 역사를 자랑하며 지금도 존재하는 영국 사교클럽은?

① 민트(MINT) 클럽
② 로열 소사이어티(The Royal Society)
③ 하이 소사이어티(The High Society)
④ 라이엇 클럽(The Riot Club)

11 커피의 식물학적 관점에서 잘못된 내용은?

① 커피나무는 코페아(Coffea)속에 속하는 다년생 상록수이다.
② 커피 열매는 과육 안에 씨앗이 들어 있는 핵과로 분류한다.
③ 아라비카종은 염색체 수가 22개, 로부스타종은 44개이다.
④ 커피의 3대 원종은 아라비카, 카네포라, 리베리카로 알려져 있다.

12 아라비카 품종에 대한 설명으로 틀린 것은?

① 원산지는 에티오피아이다.
② 주로 800m 이하의 저지대에서 재배한다.
③ 개성 있는 향미로 인해 주로 원두커피 용도로 사용한다.
④ 재배하기 까다로우며 병충해에 약한 편이다.

13 로부스타 품종에 대한 내용으로 잘못된 것은?

① 카페인 함량이 아라비카종에 비해 많은 편이다.
② 아라비카종에 비해 가뭄을 잘 견디는 특징이 있다.
③ 나무의 높이는 10m 정도이고, 생두는 둥글둥글하며 타원형이다.
④ 로부스타를 주로 생산하는 나라는 베트남, 인도, 우간다 등이다.

14 아라비카와 로부스타에 대한 비교 내용으로 옳은 것은?

① 아라비카의 원산지는 콩고, 로부스타의 원산지는 에티오피아이다.
② 커피 열매 숙성 기간은 아라비카는 6~9개월, 로부스타는 9~11개월이다.
③ 로부스타는 향과 맛이 뛰어나며 아라비카종에 비해 카페인 함량도 절반 정도이다.
④ 아라비카는 타가수분, 로부스타는 자가수분에 의해 번식한다.

15 커피 열매에 대한 설명으로 옳은 것은?

① 일반적으로 커피 열매껍질 안쪽에 딱딱한 파치먼트 상태의 씨앗이 있고, 파치먼트 안에 과육이 있다.
② 커피 열매는 형태학적으로 호두와 같은 견과에 속한다.
③ 커피 열매는 주황색에서 녹색, 빨간색, 노란색으로 익는다.
④ 커피 열매 안에는 주로 두 개의 생두가 들어 있지만, 간혹 한 개가 들어 있는 경우가 있고, 이를 피베리(Peaberry)라고 한다.

16 다음에서 설명하는 생두로 옳은 것은?

> 커피 체리 안에는 일반적으로 두 개의 생두가 생기고, 자라고 숙성되면서 마주 보는 면은 서로 압력을 받아 납작한 형태를 보인다.

① 라운드 빈(Round Bean)
② 그린 빈(Green Bean)
③ 페어 빈(Pair Bean)
④ 플랫 빈(Flat Bean)

17 다음에서 설명하고 있는 아라비카 커피 품종은?

> 아라비카 원종에 가깝고, 좋은 향과 신맛이 우수한 품종이지만, 병충해에 취약하고 생산성이 떨어지는 품종이다. 현재 주요 생산지는 하와이 코나, 자메이카, 파푸아뉴기니, 동티모르 정도이며, 그 외 콜롬비아 일부, 쿠바, 도미니카 등에서 소량 생산된다.

① 티피카(Typica)
② 버번(Bourbon)
③ 카투라(Caturra)
④ 문도 노보(Mundo Novo)

18 피베리(Peaberry)에 대한 설명으로 틀린 것은?

① 커피나무 가지 끝에서 많이 발견된다.
② 플랫 빈에 비해 동글동글하며 단맛이 우수하다.
③ 피베리는 결점두로 분류한다.
④ 생두를 포장할 때 통상적으로 10% 정도의 피베리가 섞여 있으며, 따로 골라내면 더 높은 가격에 거래되기도 한다.

19 문도 노보(Mundo Novo) 품종에 대한 설명으로 틀린 것은?

① 1935년 브라질에서 발견된 버번의 돌연변이종이다.
② 버번과 티피카의 자연 교배종이다.
③ 병충해에 강하며, 생산성이 높다.
④ 나무의 키가 크고 성숙 기간이 길며, 향미는 마일드한 편이다.

20 다음에서 설명하는 품종으로 옳은 것은?

> 문도 노보(Mundo Novo)와 카투라(Caturra)의 인공교배종으로 브라질의 주력품종이며 병충해에 강하지만, 향미의 큰 특징 없이 무난한 맛을 낸다.

① HdT(Hibrido de Timor)
② 카티모르(Catimor)
③ 마라고지페(Maragogype)
④ 카투아이(Catuai)

21 다음에서 설명하고 있는 품종은 무엇인가?

> 1959년 포르투갈에서 개발한 HdT와 카투라의 인공교배종으로 커피녹병에 강하며, 조기 수확과 다수확이 가능한 품종이다. 생두의 크기는 크고, 나무의 크기는 작은 편이다.

① 카투아이(Catuai)
② 카티모르(Catimor)
③ 카투라(Caturra)
④ 파카스(Pacas)

22 커피를 재배할 수 있는 조건에 대한 설명으로 틀린 것은?

① 햇볕이 강하게 내리쬐는 완만한 지역에서 재배해야 커피 열매가 잘 자란다.
② 커피나무는 서리에 특히 취약하다.
③ 화산지형은 고지대에 배수성이 좋아서 커피 재배에 적합하다.
④ 연평균 22℃ 정도의 온화한 열대 기후에서 잘 자란다.

23 몬순 커피에 대한 설명으로 틀린 것은?

① 인도 말라바 지역에서 생산한 몬순 커피가 유명하다.
② 건식 가공 후 남서 계절풍에 2~3주 정도 건조시켜 숙성시킨다.
③ 산미는 강하고, 약한 바디감이 있으며 흙내 같은 독특한 향미가 있다.
④ 인도에서 생산된 커피가 유럽으로 이동하던 선박에서 장시간 항해 동안 계절풍에 의해 숙성되었던 것에서 그 유래를 찾을 수 있다.

24 다음은 어떤 커피에 관한 설명인가?

> 1989년 7월 국제적으로 커피 가격 조정 조항이 폐지되었다. 이후 베트남이 주요 커피 생산국으로 떠올라 커피 가격이 하락하면서 2000년대 초까지 장기간 지속된 커피 위기로 인해 커피 생산 지역의 빈곤이 심화되었다. 이에 따라 커피 재배 농가에는 적절한 보상이 돌아가고, 장기적인 관점에서 환경친화적으로 커피를 생산하게끔 돕기 위한 방법으로 등장한 개념이다.

① 스페셜티 커피(Specialty Coffee)
② 프리미엄 커피(Premium Coffee)
③ 지속 가능 커피(Sustainable Coffee)
④ 셰이딩 커피(Shading Coffee)

25 커피의 꽃과 열매에 대한 내용으로 잘못된 것은?

① 커피나무의 개화는 나무를 심고 1년 정도 지나면 시작되고 열매는 바로 수확할 수 있다.
② 커피 꽃은 흰색으로 재스민 향이 난다.
③ 보통의 커피 열매는 다 익었을 때 빨간색을 띠지만, 노란색이나 분홍색인 경우도 있다.
④ 블로섬 샤워(Blossom Shower)가 지나간 후 커피 꽃이 피기 시작한다.

26 다음에서 설명하고 있는 커피 가공방법은 무엇인가?

> 커피 체리를 수확한 후 과육을 제거하지 않은 체리를 그대로 건조장(Patio, 파티오)에 펼쳐 놓고 건조하는 방법이다. 물이 부족하고 햇빛이 좋은 지역에서 주로 이용하는 전통적 가공법이다.

① 습식법(Wet Method)
② 건식법(Dry Method)
③ 세미 워시드(Semi-Washed)
④ 펄프드 내추럴(Pulped Natural)

27 커피를 가공하는 방법 중 습식법에 대한 설명으로 틀린 것은?

① 수확한 커피를 물에 띄어 바닥에 가라앉는 무거운 체리와 위로 뜨는 가벼운 체리로 분리한다.
② 펄핑을 통해 과육을 벗기고 점액질은 발효 과정을 거쳐 제거한다.
③ 발효 과정이 끝나면 파치먼트 상태로 건조한다.
④ 발효 시간은 48시간 정도이며 알칼리성으로 변한다.

28 기계를 이용하여 커피 체리를 수확할 때의 특징이 아닌 것은?

① 기계로 인해 커피나무가 손상될 수 있다.
② 안 익거나 덜 익은 열매, 이물질이 섞일 수 있다.
③ 인건비가 절약된다.
④ 수확 기계가 비싸기 때문에 커피 원가 상승에 영향을 끼친다.

29 커피 가공법 중 펄프드 내추럴 방식에 대한 설명으로 옳은 것은?

① 과육과 점액질을 모두 제거한 후에 발효공정 없이 건조하는 방법이다.
② 덜 익거나 상한 체리가 섞이는 것을 줄여 건식법에 비해 고품질 커피를 기대할 수 있다.
③ 1970년대부터 브라질에서 시작된 가공 방법이다.
④ 로부스타 생산 국가에서 많이 이용하는 방식이다.

30 디카페인 커피에 대한 설명으로 틀린 것은?

① 독일 화학자 룽게가 1819년 최초로 커피에서 카페인을 분리하였다.
② 초임계 추출법은 화학 약품을 사용하지 않아 안전하게 99% 이상의 카페인을 제거할 수 있어 가장 널리 사용하는 카페인 제거 방법이다.
③ 용매 추출법, 물 추출법, 초임계 추출법 등으로 제조한다.
④ 용매 추출법은 벤젠, 클로로포름 등 용매로 사용하는 성분이 미량 잔류하는 문제점이 있다.

31 스크린 사이즈를 기준으로 분류 시 피베리 (Peaberry)의 넘버는?

① No.9
② No.11
③ No.13
④ No.15

32 다음의 커피 생산국 중에서 생두를 분류하는 기준이 다른 나라는?

① 과테말라
② 온두라스
③ 콜롬비아
④ 코스타리카

33 결점두에 따라 생두를 분류한 표기로 옳은 것은?

① 인도네시아 만델링 G1
② 하와이 코나 Extra Fancy
③ 코스타리카 타라주 SHB
④ 케냐 니에리 AA

34 커피 포장에 적힌 'Brazil Santos NY2 FC 17/18 Pulped Natural Catuai'에서 알 수 있는 정보로 틀린 것은?

① Santos – 재배한 농장 이름
② NY2 – 결점두로 분류한 뉴욕 무역 거래소 2등급 커피
③ 17/18 – 스크린 사이즈 17/18
④ Pulped Natural – 생두 가공법

35 다음에서 설명하고 있는 아프리카 지역의 커피 생산 국가는?

> 현재 수많은 커피 생산지들이 식민지 시대의 유산에 의해 커피 재배가 시작되었지만, 이 나라는 야생에서 저절로 자란 커피나무에서 커피 재배가 시작되었다. 개발되지 않은 야생 품종이 3,500종이 넘을 정도로 아라비카종의 다양성이 세계에서 가장 풍부한 나라이다. 주요 재배 지역으로는 하라르(Harar), 시다모(Sidamo), 구지(Guji), 예가체프(Yirgacheffe), 짐마(Jimma), 리무(Limu) 등이 있다.

① 케냐
② 탄자니아
③ 콩고
④ 에티오피아

36 커피 생산 국가와 주요 지역이 잘못 연결된 것은?

① 인도네시아 – 말라바(Malabar)
② 브라질 – 세라도(Cerrado)
③ 과테말라 – 안티구아(Antigua)
④ 탄지니아 – 킬리만지로(Kilimanjaro)

37 다음 커피 생산국 중 로부스타를 재배하지 않는 나라는?

① 브라질(Brazil)
② 코스타리카(Costa Rica)
③ 베트남(Vietnam)
④ 과테말라(Guatemala)

38 로스팅에 대하여 잘못 설명한 것은?

① 생두에 열을 가해 물리적, 화학적 변화를 통해 향미와 맛을 이끌어 낸다.
② 똑같은 생두라도 로스팅 머신이나 로스팅하는 사람에 따라 향미 발현이 다양할 수 있다.
③ 주로 전기, 가스, 숯 등을 열원으로 사용한다.
④ 로스팅은 '수분 건조 → 발열 반응 → 흡열 반응 → 냉각 단계'로 진행된다.

39 생두를 로스팅할 때 나타나는 물리적 변화에 대한 설명이 옳은 것은?

① 수분 증가, 밀도 증가, 부피 감소, 무게 감소
② 수분 감소, 밀도 감소, 부피 증가, 갈변 반응
③ 수분 감소, 밀도 증가, 부피 감소, 오일 발생
④ 수분 증가, 밀도 감소, 부피 증가, 무게 증가

40 로스팅하는 과정 중에 일어나는 크랙(Crack)에 대한 설명으로 틀린 것은?

① 1차 크랙은 생두 내의 수분이 기화하면서 발생한다.
② 1차 크랙은 주로 생두의 온도가 약 200℃일 때 일어난다.
③ 2차 크랙은 이산화탄소의 방출로 발생하며 1차 크랙보다 더 큰 소리가 들린다.
④ 생두의 부피는 1차 크랙 이후 팽창하기 시작한다.

41 다음 설명은 무엇에 대한 내용인가?

> • 서로 다른 커피를 혼합하여 새로운 맛과 향을 가진 커피를 만들 수 있다.
> • 원가를 절감할 수 있다.
> • 싱글 오리진(Single Origin)과 반대되는 개념이다.

① 브루잉(Brewing)
② 블렌딩(Blending)
③ 로스팅(Roasting)
④ 믹싱(Mixing)

42 에스프레소를 추출하였는데 15초에 30ml 정도로 빠르게 추출이 되었고, 크레마 색깔이 연한 베이지색을 보였을 때 그 원인에 대한 설명으로 틀린 것은?

① 적정 분쇄도보다 굵게 분쇄되어 과소 추출되었다.
② 적정 압력인 9bar보다 훨씬 낮은 압력으로 과다 추출되었다.
③ 원두를 정량보다 적게 담고 탬핑을 약하게 하였다.
④ 추출 온도가 80℃ 정도로 낮게 설정되어 추출된 결과이다.

43 커피를 추출할 때 커피 가루의 분쇄 입자에 대한 내용으로 틀린 것은?

① 튀르키예식 커피를 추출할 때는 입자를 매우 가늘게 분쇄해서 추출한다.
② 입자가 가늘수록 물과 만나는 접촉 면적이 늘어나 고형 성분이 더 많이 추출된다.
③ 분쇄 입자가 균일할수록, 미분이 적을수록 커피 향미에 긍정적인 영향을 준다.
④ 같은 추출 도구 및 방식으로 커피를 추출할 때에는 분쇄 입자가 달라도 맛은 동일하다.

44 커피 추출 방식이 다른 하나는?

① 융 드립
② 에스프레소 머신
③ 모카포트
④ 사이펀

45 다음에서 설명하고 있는 커피 추출 기구는?

- 1941년 독일 출신의 화학자 피터 쉴럼봄(Peter Schlumbohm)이 발명하였다.
- 완벽한 모래시계 모양의 도구로 상부 드리퍼와 하부 서버 일체형이다.
- 일반적인 드리퍼에 있는 리브가 없으며, 대신 공기 통로가 있어 에어 채널 역할을 하지만, 물 빠짐이 다른 드리퍼에 비해 좋지 않은 단점이 있다.

① 에어로프레스(AeroPress)
② 케멕스(Chemex)
③ 프렌치 프레스(French Press)
④ 사이펀(Siphon, Syphon)

46 다음은 어떤 직업에 대한 설명인가?

이탈리아어에서 유래하여 '바(Bar) 안에서 또는 카운터(Counter)에서 음료를 만드는 사람'이란 의미로 칵테일 등 알코올 음료를 만드는 바텐더(Bartender)와 구분하여 커피를 만드는 전문가로 불린다. 넓은 의미에서의 이 직업의 역할은 좋은 원두를 선택하여, 추출 도구를 이용해서 고객의 취향에 맞게 커피 음료를 만드는 것이다.

① 바리스타(Barista)
② 소믈리에(Sommelier)
③ 파티시에(Patissier)
④ 로스터(Roaster)

47 다음에서 설명하고 있는 커피 향기 용어는?

- 추출한 커피에서 느껴지는 주요 향기이며, 분자량이 적고 휘발성이 강해 금방 날아간다.
- 과일 향기(Fruity), 풀 향기(Herbal), 견과류 향(Nut–Like) 등이 있다.

① 아로마(Aroma)
② 바디(Body)
③ 애프터테이스트(Aftertaste)
④ 플레이버(Flavor)

48 커피 성분인 카페인에 대한 설명으로 틀린 것은?

① 커피 열매뿐만 아니라 잎, 뿌리에도 소량 존재한다.
② 아라비카보다 로부스타에 더 많다.
③ 카페인은 교감 신경을 자극하여 심박 수를 빠르게 증가시키는 효과가 있다.
④ 열에 약하여 로스팅이 진행될수록 카페인 함량은 감소한다.

49 커피 생두의 성분 중에서 가장 많은 비중을 차지하는 성분은?

① 단백질
② 지방
③ 탄수화물
④ 무기질

50 커피를 포장하거나 보관하는 방법으로 잘못된 것은?

① 보관 기간이 가장 긴 포장법은 질소 포장법이다.
② 햇빛을 피해 불투명 용기에 넣고 상온에 보관한다.
③ 습도가 낮은 곳에 보관하는 것이 좋다.
④ 보관 기간을 늘리기 위해 원두는 분쇄 후 소분하여 진공 포장한 후에 냉동 보관한다.

01 커피의 3대 원종이 아닌 것은?

① 카네포라(Canephora)
② 스테노필라(Stenophylla)
③ 리베리카(Liberica)
④ 아라비카(Arabica)

02 (   ) 안에 들어갈 내용으로 옳게 짝지어진 것은?

> 커피는 6세기경 (   )에서 처음으로 재배가 시작되었고, 16세기 상인들에 의해 유럽으로 처음 전파되었던 도시는 (   )이다.

① 튀르키예 – 로마
② 예멘 – 베니스
③ 에티오피아 – 베니스
④ 예멘 – 런던

03 다음에서 설명하고 있는 커피의 기원설은?

> 이슬람 창시자인 인물에 대한 이야기로, 병을 앓던 중에 꿈에 나타난 천사 가브리엘의 계시를 받아 커피나무와 커피 열매를 발견하여 병이 낫고 힘을 얻게 되었다고 전해진다.

① 칼디(Kaldi)의 전설
② 오마르(Omar)의 전설
③ 모하메드(Mohammed)의 전설
④ 미카엘(Michael)의 전설

04 커피에 대한 역사적인 사실로 틀린 것은?

① 1585년 인도 승려 바바 부단이 예멘에서 커피 종자를 밀반출하여 인도에 커피를 심었다.
② 유럽으로 전파된 커피는 이슬람 음료라는 이유로 박해를 받다가 1605년 교황 클레멘트 8세의 커피 세례를 계기로 널리 퍼졌다.
③ 유럽의 제국주의 식민지 지배로 커피 산지를 넓히던 시기에 네덜란드가 최초로 인도네시아에 커피나무를 옮겨 심어 생산을 시작하였다.
④ 튀르키예는 1517년 오스만 제국 시대에 커피 재배를 시작하였고, 튀르키예식 커피 문화를 발달시켰다.

05 16~18세기의 커피하우스에 대한 설명으로 틀린 것은?

① 카페 플로리안은 1720년 베네치아에 오픈한 이탈리아에서 현존하는 가장 오래된 카페이다.
② 영국은 홍차를 선호하는 소비문화로 인해 커피가 늦게 전파되어 1800년대 이후에야 커피하우스가 오픈하기 시작하였다.
③ 프랑스에서는 카페 르 프로코프가 1686년 파리에 개장하였다.
④ 미국은 1691년 보스턴에 최초의 커피숍인 거트리지 커피하우스가 문을 열었다.

06 한국에 커피가 전해진 19~20세기에 대한 내용으로 틀린 것은?

① 1896년 아관파천 당시 고종황제가 커피를 처음 접하였다는 기록이 있다.
② 우리나라 최초의 커피하우스는 1902년 손탁호텔 안에 있던 정동구락부이다.
③ 일제강점기 당시 커피는 가배(珈琲) 또는 양탕국(洋湯麴)으로 불렸다.
④ 1950년 한국전쟁 당시 미국으로부터 원두커피가 들어오기 시작하였다.

07 다음에서 설명하고 있는 품종은 무엇인가?

> 에티오피아가 원산지이며, 세계 커피 생산량의 60~70%를 차지하고 있다. 향이 우수하고 개성이 강하여 원두커피 용도로 많이 소비하고 있으며 브라질, 콜롬비아, 케냐 등 많은 산지에서 재배하고 있다.

① 아라비카
② 로부스타
③ 리베리카
④ 티피카

08 다음 중 나머지와 성격이 다른 품종 하나는?

① 버번(Bourbon)
② 카투라(Caturra)
③ 코닐론(Conillon)
④ 마라고지페(Maragogype)

09 (　) 안에 들어갈 말로 옳게 짝지어진 것은?

> 커피 생두의 표면을 덮은 얇은 껍질을 (　)(이)라고 하고, 생두의 가운데 파인 홈을 (　)(이)라고 한다.

① 실버 스킨, 센터 컷
② 펄프, 센터 컷
③ 펄프, 파치먼트
④ 실버 스킨, 펄프

10 다음에서 설명하고 있는 품종은 무엇인가?

> 1917년 인도네시아에서 발견된 아라비카와 로부스타의 자연 교배종으로 나무와 생두의 크기가 큰 편이다. 커피녹병(잎곰팡이병, Coffee Leaf Rust)에 강하여, 이 병에 대한 저항성이 큰 품종을 연구하기에 좋은 모태 품종이 된다.

① 마라고지페(Maragogype)
② 아라부스타(Arabusta)
③ HdT(Hibrido de Timor)
④ 카티모르(Catimor)

11 다음에서 설명하고 있는 품종은 무엇인가?

> 1935년 케냐 커피 연구소(Scott Laboratory)에서 만들어진 아라비카 품종이며 가뭄에도 강하고 커피 품질이 우수하여 케냐의 주력 품종이 되었다.

① 파카스(Pacas)
② 켄트(Kent)
③ 게이샤(Geisha)
④ SL28

12 로부스타종의 특징이 아닌 것은?

① 아프리카 콩고가 원산지이다.
② 22개의 염색체를 가지고 있다.
③ 병충해, 기후에 강한 편이다.
④ 자가수분에 의해 수정이 되며, 복합적인 향미가 우수하다.

13 ( ) 안에 들어갈 말을 옳게 나열한 것은?

> 커피의 생육에 가장 치명적인 영향을 끼치는 기후적인 요소는 (   )(이)며, 생두를 보관할 때에는 (   )(이)가 가장 중요한 요인이다. 또한 로스팅을 하고 나서 원두를 보관할 경우에는 (   )(이)가 커피의 산패를 가속하는 커다란 요인이 된다.

① 서리, 온도, 산소
② 서리, 습도, 산소
③ 기온, 습도, 햇빛
④ 바람, 온도, 햇빛

14 커피를 재배하기에 적합한 토양 중에서 석회암의 풍화작용으로 형성된 적색 토양을 무엇이라 부르는가?

① 라테라이트(Laterite)
② 레구르 토(Regur Soils)
③ 테라록사(Terra Roxa)
④ 테라로사(Terra Rossa)

15 커피를 재배하기 위한 조건이 아닌 것은?

① 해충 등으로부터 피해를 예방하기 위해 강한 바람이 부는 지역이 좋다.
② 연평균 기온 15~24℃로, 30℃를 넘지 않고, 5℃ 이하로 내려가지 않아야 한다.
③ 직사광선이 닿지 않는 완만한 지역에서 잘 자라고, 강한 햇빛을 막기 위해 셰이드 트리(Shade Tree)를 심어서 재배하는 것이 좋다.
④ 유기물이 풍부하고 배수성이 좋은 화산지형 토양이 커피 재배에 유리하다.

16 커피의 번식 방법에 대한 설명이 옳은 것은?

① 생두(Green Bean)를 파종하여 번식하는 방법이 발아에 가장 유리하다.
② 커피 밭에 직접 파종하여 묘목의 내성을 키우는 것이 많은 커피 체리 수확에 유리하다.
③ 파치먼트 파종을 주로 하며, 묘판에서 발아 후 묘목이 되면 커피 밭에 이식한다.
④ 구덩이에 3~5개의 커피 종자를 직접 심는 직파법이 가장 널리 사용된다.

17 다음 중 올드 크롭(Old Crop)을 이용하여 만드는 가향 커피는 무엇인가?

① 헤이즐넛 커피(Hazelnut Coffee)
② 코피 루왁(Kopi Luwak)
③ 스페셜티 커피(Specialty Coffee)
④ 비엔나 커피(Vienna Coffee)

18 다음에서 설명하고 있는 내용은 무엇인가?

> 커피 생두의 실버 스킨(Silver Skin)을 제거하는 과정이며, 상품의 가치를 높이기 위한 선택 과정이다. 주로 고급 커피인 하와이 코나 커피, 자메이카 블루 마운틴 커피에 사용되는 가공 과정이다.

① 허스킹(Husking)
② 헐링(Hulling)
③ 폴리싱(Polishing)
④ 피킹(Picking)

19 생두 수확 연도에 따른 분류 설명이 틀린 것은?

① 수확한 지 1년 이내의 생두는 뉴 크롭이라고 하며 수분함량이 많다.
② 수확한 지 2년 이상 오래된 생두를 올드 크롭이라고 한다.
③ 뉴 크롭일수록 짙은 청록색을 띠고, 수확한 지 오래될수록 녹색이 옅다.
④ 수확한 지 1~2년 사이의 생두를 패스트 크롭이라고 하는데, 일정 기간 숙성이 되어 가장 향미와 품질이 우수하다.

20 커피의 가공 방식에 대한 설명 중 옳은 것끼리 짝지어진 것은?

> ㉠ 건식법 : 습도가 낮은 나라에서 주로 사용하며, 커피의 단맛이 우수하다.
> ㉡ 습식법 : 과육을 벗기지 않은 상태로 수조에 담가 발효시키며, 향미가 복합적이다.
> ㉢ 세미 워시드 : 과육과 점액질을 제거하여 건조하고, 수질오염의 문제가 큰 가공법이다.
> ㉣ 허니 프로세스 : 코스타리카에서 시작이 되었으며, 점액질을 벗기는 정도에 따라 세분화된다.

① ㉠, ㉡
② ㉠, ㉣
③ ㉡, ㉢
④ ㉢, ㉣

21 생두 분류의 기준이 아닌 것은?

① 생두의 무게
② 결점두 개수
③ 재배 고도
④ 생두의 크기

22 생두를 분류하는 기준이 다른 나라는?

① 콜롬비아
② 브라질
③ 인도네시아
④ 에티오피아

23 커피 생산 국가인 코스타리카에 대한 내용이 틀린 것은?

① 1729년 쿠바로부터 커피가 전해져 주로 소규모 농원에서 커피를 생산한다.
② 환경 부담이 적은 세미 워시드 가공법을 많이 사용한다.
③ 커피녹병에 내성이 있는 카투라, 카투아이 품종 및 소량의 로부스타를 재배한다.
④ 재배 고도에 따라 등급 분류를 하며, 타라주 지역이 가장 유명하다.

24 SCA 분류에서 스페셜티 등급(Specialty Grade)에 해당하지 않는 것은?

① 퀘이커(Quaker)는 한 개도 허용되지 않는다.
② 커핑(Cupping) 점수는 80점 이상이어야 한다.
③ 프라이머리 디펙트(Primary Defect)는 1개까지만 허용된다.
④ 풀 디펙트(Full Defects) 점수는 5 이내여야 한다.

25 적도를 기준으로 북위 25°와 남위 25° 사이에서 커피를 생산하는 이 위치를 커피 벨트(Coffee Belt) 또는 무엇이라고 부르는가?

① Coffee Area
② Coffee Line
③ Coffee Zone
④ Coffee District

26 다음에서 설명하고 있는 나라는 어디인가?

지리학적으로 서남아시아 국가로 분류되는 이 나라는 가장 오래된 커피 생산국 중의 하나이다. 물이 부족하고 주요 산지들이 높은 고도에 위치해 있기 때문에 계단식 밭에서 커피 재배가 이루어지며, 주로 내추럴 가공 방식을 사용한다. 향미가 와일드하고 복합적이며, 굉장히 독특한 맛을 지니고 있고, 특히 '모카 마타리'라는 커피가 세계적으로 유명하다.

① 에티오피아
② 예멘
③ 탄자니아
④ 케냐

27 다음 중 동물이 커피 체리를 먹고 그 배설물로 만든 커피가 아닌 것은?

① 코피 루왁(Kopi Luwak)
② 콘삭 커피(Consoc Coffee)
③ 블랙 아이보리 커피(Black Ivory Coffee)
④ 코나 커피(Kona Coffee)

28 브라질에서 생산되는 커피에 대한 내용으로 틀린 것은?

① 브라질에서 생산되는 커피는 거의 자국에서 소비되지 않고 대부분 해외로 수출된다.
② 세계 커피 총생산의 30~40%를 차지하는 커피 최대 생산국이다.
③ 다른 커피 생산지에 비해 비교적 저지대 대규모 농장에서 기계적으로 커피가 생산되며, 향미는 대체로 마일드한 편이다.
④ 아라비카뿐만 아니라 로부스타도 일부 생산한다.

29 로스팅의 3단계 과정을 옳게 나열한 것은?

① 건조 → 냉각 → 열분해
② 냉각 → 열분해 → 건조
③ 열분해 → 건조 → 냉각
④ 건조 → 열분해 → 냉각

30 다음에서 설명하는 로스팅 열전달 방식은?

> 로스터 내부에서 서로 다른 온도의 생두들이 접촉하여 열을 전달하게 되는데, 열이 특정 부분에 과하게 전달될 수 있고, 로스터 내부에서 교반이 제대로 이루어지지 않을 경우 부분적으로 타거나 균일하지 않은 색상을 띠게 될 수 있다. 또한 로스터 내부 드럼 사이즈에 비해 적은 양의 생두가 투입되었을 경우 열전도가 빨라지는 등 로스팅의 일관성, 균일성 면에서 주의가 많이 필요한 열전달 방식이다.

① 전도
② 대류
③ 복사
④ 반사

31 로스팅의 물리적 변화에 대한 내용으로 틀린 것은?

① 로스팅이 진행되면서 수분은 증발하고 무게도 감소한다.
② 생두 상태에서 열을 받아 수축하면서 표면에 주름이 발생하고 점점 깊어진다.
③ 가스가 생성되면서, 생두 세포가 압력을 받으면서 부풀어 부피가 증가한다.
④ 로스팅이 진행될수록 색깔은 녹색에서 옅은 노란색, 갈색, 검은색으로 점차 바뀐다.

32 로스팅 단계 중에서 원두의 색깔이 가장 진하고 길게 진행된 단계는?

① 하이 로스트(High Roast)
② 이탈리안 로스트(Italian Roast)
③ 풀 시티 로스트(Full City Roast)
④ 프렌치 로스트(French Roast)

33 생두의 성분 중에서 로스팅 후에 가장 많이 감소되는 성분은 무엇인가?

① 수분
② 탄수화물
③ 지방
④ 비타민

34 다음에서 설명하는 로스팅 화학반응은 무엇인가?

> 아미노산과 환원당 사이에 일어나는 화학반응으로 열에 의해 수백 가지 방향족 화합물과 갈색의 멜라노이딘이 생성된다. 생두의 수분 증발이 끝날 시점까지 일어나는 반응이다.

① 가수분해 반응(Hydrolysis)
② 마이야르 반응(Maillard Reaction)
③ 캐러멜화(Caramelization)
④ 탈탄산반응(Decarboxylation)

35 높은 온도에 비교적 안정적이기 때문에 로스팅이 일어나는 동안에도 비율이 크게 변하지 않는 커피의 성분으로만 옳게 연결된 것은?

① 수분 – 카페인
② 자당 – 유기산
③ 지방 – 비타민
④ 지질 – 카페인

36 다음에서 설명하고 있는 커피 성분은 무엇인가?

> 커피에서 가장 많은 비중을 차지하는 성분이다. 로스팅 과정에서 갈변 반응을 통해 원두가 갈색을 띠게 하고, 플레이버와 아로마 물질을 형성하며 로스팅 후에는 대부분 소실된다. 아라비카종이 로부스타종에 비해 두 배가량 더 많이 함유하고 있다.

① 단백질
② 지질
③ 유기산
④ 탄수화물

37 로스팅 도중에 드럼에서 소량의 원두를 꺼내어 볼 수 있는 기구로, 로스팅되고 있는 생두의 색, 형태, 향 등을 확인할 수 있는 이것은?

① 쿨러(Cooler)
② 댐퍼(Damper)
③ 샘플러(Sampler)
④ 호퍼(Hopper)

38 1차 크랙부터 배출까지의 구간을 뜻하며, 로스터에 따라서 이 시간을 달리하여 플레이버 표현을 다양하게 이끌어 낼 수 있는 로스팅 용어는 무엇인가?

① 배치 사이즈(Batch Size)
② 터닝 포인트(Turning Point)
③ 팝 피크(Pop Peak)
④ 디벨롭 타임(Develop Time)

39 커피 그라인더의 구성 부품이 아닌 것은?

① 호퍼(Hopper)
② 포터필터(Portafilter)
③ 도저(Doser)
④ 분쇄도 조절 디스크(Disk)

40 필터 드립에 사용하는 드리퍼 중에서 다음에서 설명하고 있는 드리퍼는?

> 원추형 모양의 드리퍼로, 하단부에 18mm 크기의 구멍이 한 개 있고, 나선형으로 리브(Rib)가 드리퍼의 끝부분까지 있어서 물 빠짐이 매우 빠른 것이 특징이다. 가볍고 산미가 강한 약배전 원두 추출에 적합하다는 강점이 있어서 스페셜티 업계에서 가장 대세를 이루는 드리퍼이다.

① 멜리타
② 고노
③ 하리오
④ 칼리타

41 베트남에서 흔히 사용하며, 용기에 커피 가루를 넣은 후 뜨거운 물을 부어 천천히 추출하여 연유를 섞어 달콤하게 마실 때 사용하는 추출 기구는 무엇인가?

① 에어로프레스(AeroPress)
② 클레버(Clever)
③ 핀(Phin)
④ 이브릭(Ibrik)

42 에스프레소 추출 속도에 영향을 주는 요인이 아닌 것은?

① 탬퍼의 재질
② 원두의 분쇄도
③ 탬핑의 강도
④ 원두의 양

43 에스프레소를 추출할 때 그룹 헤드에 원두가 담긴 포터필터를 결합하기 전에 열수를 미리 빼는 퍼징(Purging)을 하는 이유는?

① 샤워 스크린을 청결하게 하고, 물의 온도를 유지하기 위해서이다.
② 크레마를 더 풍부하게 만들기 위해서이다.
③ 퍼징을 하고 추출하면 커피의 신맛을 더 추출할 수 있다.
④ 추출 압력을 맞추기 위해서이다.

44 더블 에스프레소(Double Espresso)를 뜻하는 용어에 대한 설명으로 틀린 것은?

① 도피오(Doppio)라고 한다.
② 에스프레소 도피오는 50~60ml의 양을 데미타세에 제공한다.
③ 양을 많이 해서 강한 맛을 내고 싶을 때 다른 커피 음료에도 같은 용어를 사용한다.
④ 에스프레소 솔로에 비해 추출 시간과 추출량을 2배 정도로 늘린다.

45 우유의 단백질의 80% 정도를 차지하는 단백질 성분이며, 칼슘, 인, 구연산 등과 결합한 형태로 존재하는 것은?

① 락토알부민
② 리포단백질
③ 비단백태질소화합물
④ 카세인

46 에스프레소 머신을 이용하여 우유 거품을 만드는 과정에 대해 잘못 설명한 것은?

① 빠른 스티밍을 위해서 미지근한 우유를 사용하는 것이 좋다.
② 스팀 노즐 팁은 스팀 피처에 적절하게 담그고 스팀을 시작한다.
③ 스팀 전후로 스팀 노즐을 닦고 스팀 분사를 한다.
④ 거품을 만들고 난 후에는 노즐 팁 위치를 적절한 위치로 이동시켜 혼합시킨다.

47 커피를 마시고 난 뒤 입 뒤쪽에서 느껴지는 향기로 적절하게 짝지어진 것은?

① Fruity, Carbony
② Spicy, Turpeny
③ Flower, Fruity
④ Candy, Cyrup

48 커피에서 느껴지는 바디감은 주로 커피의 무슨 성분 때문인가?

① 단백질
② 카페인
③ 지방
④ 유기산

49 커피의 신체 작용에 대한 설명으로 틀린 것은?

① 항산화 효과가 있는 페놀 성분이 노화 예방 및 세포 산화 방지 작용을 한다.
② 소변에서 칼슘 배설을 촉진하기 때문에 폐경기 여성의 경우 골다공증 위험이 증가한다.
③ 커피에 들어 있는 다량의 칼륨 성분은 혈압 유지에 도움이 된다.
④ 커피의 카페인은 심박수를 느리게 하여 심신 안정에 도움을 준다.

50 카페 매장 관리에 대한 내용이 틀린 것은?

① 에스프레소 머신은 매일 마감 전에 포터필터, 샤워 스크린 등을 세척하여 관리한다.
② 원두는 항상 그라인더 호퍼에 담아서 보관한다.
③ 카페에서 사용하는 모든 식재료는 선입선출법에 따라 관리한다.
④ 날씨(특히 습도)에 따라 분쇄도가 달라지므로 영업 전에는 항상 추출 상태를 확인할 필요가 있다.

모의고사 3회

01 커피에 관한 역사적인 사실로 틀린 것은?

① 커피가 처음 발견된 시점에 지금과 비슷한 음료 형태로 마셨다는 기록이 있다.
② 커피의 원산지는 에티오피아이다.
③ 커피의 기원과 관련한 전설은 칼디의 전설, 오마르의 전설 등이 있다.
④ 커피는 17세기에 이르러 유럽으로 널리 퍼지기 시삭하였다.

02 커피(Coffee)의 명칭에 대한 역사적 설명으로 틀린 것은?

① 커피에 대한 최초의 기록을 남긴 9세기 아라비아 의학자 라제스는 커피를 카흐베(Kahve)라고 소개하였다.
② 커피의 기원인 에티오피아 짐마의 옛 이름 카파(Kaffa)에서 Coffee가 유래되었다는 설이 있다.
③ 커피를 유럽 문화권으로 알린 16세기 독일 식물학자 라우볼프는 카우베(Chaube)라고 기술하였다.
④ 이슬람어로 와인을 뜻하는 카와(Qahwah)에서 Coffee가 유래하였다.

03 오스만 제국과의 전쟁에서 승리하여 1683년 오스트리아 비엔나에 최초로 커피하우스를 개장한 인물은?

① 크리스토프 발츠(Christoph Waltz)
② 칼 마르코빅스(Karl Markovics)
③ 파스콰 로제(Pasqua Rosée)
④ 게오르그 콜쉬츠키(Georg Kolsch‐itzky)

04 예멘 모카에서 커피를 몰래 밀반출하여 인도네시아 자바섬과 지금의 스리랑카인 실론에 커피를 재배하여 한동안 커피 생산, 무역을 주도한 나라는?

① 이탈리아
② 영국
③ 프랑스
④ 네덜란드

05 다음 설명에 해당하는 인물은?

> 스웨덴 생물학자였던 그는 1753년 처음으로 커피나무를 식물로 분류하면서 코페아(Coffea)속에 속하는 다년생 상록수 쌍떡잎식물로 분류하였다.

① 라제스(Rhazes)
② 리우볼프(Rauwolf)
③ 프로스페로 알피니(Prospero Alpini)
④ 칼 폰 린네(Carl von Linne)

06 1732년 다음과 같은 내용의 '커피 칸타타 (Coffee Cantata)'를 작곡한 인물은?

> 아! 커피, 얼마나 매혹적인가!
> 천 번의 키스보다 황홀하고 모스카토 와인보다 부드럽구나.
> 커피, 난 커피를 마셔야 해.
> 누가 내게 즐거움을 주고 싶다면 커피 한 잔이면 족해.

① 바흐
② 베토벤
③ 모차르트
④ 브람스

07 다음에서 설명하고 있는 커피 원종은 무엇인가?

> 아프리카 라이베리아가 원산지이며, 나무의 키가 커서 재배, 수확이 어렵고 과육이 두꺼워 가공도 어려운 편이다. 특별한 향미가 없고 품질도 떨어지기 때문에 아프리카 서부 지역과 아시아 일부 지역에서만 소량 생산된다.

① 아라비카(Arabica)
② 리베리카(Liberica)
③ 카네포라(Canephora)
④ 로부스타(Robusta)

08 아라비카종와 로부스타종의 비교 내용으로 틀린 것은?

① 아라비카는 에티오피아가 원산지이며, 생두의 형태가 납작한 타원형이다.
② 로부스타종은 2,000m의 고지대에서까지 잘 자라며, 생산량이 많고 가격도 저렴하다.
③ 아라비카종은 로부스타종에 비해 쓴맛이 덜하며, 카페인 함량도 낮은 편이다.
④ 로부스타종은 나무의 높이가 10m 정도로 높고 생두는 둥글둥글한 형태이며, 주로 인스턴트 커피, 캔 커피, 블렌드용으로 사용한다.

09 다음에서 설명하고 있는 커피 품종은?

> 1956년 엘살바도르에서 발견된 버번의 돌연변이종으로, 생두의 크기가 작고 커피 체리가 빨리 익기 때문에 수확량이 많다. 저지대에서도 잘 자라지만 높은 지대가 있는 온두라스에서 재배되는 이 품종은 향미가 매우 뛰어난 편이다.

① 켄트(Kent)
② 파카스(Pacas)
③ 카투라(Caturra)
④ 카티모르(Catimor)

10 영국의 식민 지배 영향으로 차를 마시던 미국이 본격적으로 커피 소비가 활발해지면서 커피 문화로의 전환점을 맞게 된 사건은?

① 남북전쟁
② 제1차 세계 대전
③ 보스턴 차 사건
④ 대공황 사건

11 커피의 파종부터 수확에 이르기까지 커피 나무의 생장 과정으로 틀린 설명은?

① 파치먼트 파종을 하여 묘목이 되면 커피 밭에 옮겨 심는다.
② 나무를 심고 2~3년 정도 지나면 흰 색의 커피 꽃이 핀다.
③ 핸드 피킹은 노동력, 인건비는 많이 들지만 선별도가 좋다.
④ 모든 커피 체리는 잘 익었을 때 빨갛 게 되며, 1년에 두 번 수확할 수 있다.

12 커피 가공 방식 중 건식법에 대한 설명으로 틀린 것은?

① 커피 체리를 수확한 후 세척, 선별, 건조 과정을 거친다.
② 친환경적이고, 생산 단가가 낮은 편이다.
③ 산미가 우수하고, 복합적인 향미가 특징이다.
④ Natural Process 또는 Dry Method라고도 한다.

13 커피 가공법 중 습식법에 대한 설명으로 옳은 것은?

① 단맛과 강한 바디감을 가진 커피를 생산할 수 있다.
② 품질이 낮고, 가공을 거친 커피의 균일함이 떨어진다.
③ 과육 제거기(Pulper)를 이용하여 과육을 벗겨 내는 펄핑 과정을 거친다.
④ 물이 부족하거나 햇빛이 좋은 지역에서 전통적으로 사용하는 가공 방식이다.

14 커피 체리 100kg을 수확 후 가공 과정을 거쳐서 최종적으로 얻게 되는 생두의 무게는 얼마인가?

① 내추럴 커피 생두 30kg, 워시드 커피 생두 30kg
② 내추럴 커피 생두 20kg, 워시드 커피 생두 20kg
③ 내추럴 커피 생두 20kg, 워시드 커피 생두 30kg
④ 내추럴 커피 생두 30kg, 워시드 커피 생두 20kg

15 건식법과 습식법 두 가공 방식을 모두 이용하여 커피를 가공하는 나라는?

① 에티오피아　　② 브라질
③ 케냐　　④ 콜롬비아

16 국제커피기구(ICO)에서 정한 생두 포장 단위는 1bag당 몇 kg인가?

① 40kg　　② 50kg
③ 60kg　　④ 70kg

17 디카페인 커피에 대한 설명이 잘못된 것은?

① 물을 이용한 카페인 제거는 화학약품을 사용하지 않고 안전하게 카페인을 제거할 수 있다.
② 1819년 독일 화학자 룽게가 커피에서 처음 카페인을 분리하는 데 성공하였다.
③ 벤젠, 클로로포름 등의 유기용매를 이용한 카페인 제거는 미량의 용매 성분이 커피에 잔류할 수 있는 문제점이 있다.
④ 카페인 제거 기술로 인해 카페인은 100% 제거되지만, 향미 손실도 크다.

18 크기에 따른 생두 분류를 하는 국가와 그 표기법을 옳게 연결한 것은?

가. 케냐	㉠ Extra Fancy
나. 콜롬비아	㉡ Supremo
다. 하와이	㉢ AA

① 가-㉢, 나-㉡, 다-㉠
② 가-㉠, 나-㉡, 다-㉢
③ 가-㉡, 나-㉠, 다-㉢
④ 가-㉢, 나-㉠, 다-㉡

19 ( ) 안에 들어갈 내용이 옳게 나열된 것은?

생두의 크기는 스크린 사이즈에 따라 분류하며, 체에 뚫린 구멍의 크기별로 번호가 매겨져 있다. 이는 각 번호의 구멍을 통과하지 않는 콩을 의미하며, 1 스크린 사이즈는 ( )inch로, 약 0.4mm이다. 스크린 사이즈 18은 ( )mm이다.

① 1/64, 7.2
② 1/44, 8.2
③ 1/54, 7.2
④ 1/74, 8.2

20 커피 생두 분류 기준이 다른 나라는?

① 베트남
② 인도네시아
③ 에티오피아
④ 탄자니아

21 SCA 기준 결점두 분류에서 '블랙 빈(Black Bean)'에 대한 옳은 설명은?

① 콩의 색깔이 붉거나 갈색을 띠고, 너무 익어 떨어진 체리에서 발생한다.
② 콩의 일부 또는 전체가 검은 외피에 쌓여 있거나 잘못된 탈곡에 의해 발생한다.
③ 콩의 전체 또는 일부가 검은색으로, 수확이 늦었거나 흙과 접촉해서 발효되어 발생한다.
④ 실버 스킨이 두껍게 말라붙은 형태이며, 덜 익은 상태에서 수확한 결점두이다.

22 SCA 결점두 분류에서 세컨더리 디펙트가 아닌 것은?

① 헐/허스크(Hull/Husk)
② 위더드(Withered)
③ 포린 매터(Foreign Matter)
④ 쉘(Shell)

23 다음 중 커피 생산국인 에티오피아에 대한 설명으로 틀린 것은?

① 아라비카의 원산지이며 해발 1,000~2,000m의 고지대에서 커피나무를 재배한다.
② 소규모 농장 위주로 커피를 생산하며, 일부는 로부스타도 재배한다.
③ 내추럴 가공법뿐만 아니라 워시드 가공법으로도 커피를 생산한다.
④ 특유의 산미와 다채로운 과일 향, 꽃향기 등을 가진 커피를 많이 생산한다.

24 인도에서 생산되는 커피에 대한 설명이 잘못된 것은?

① 17세기 예멘에서 밀반출된 커피 씨앗으로부터 커피 재배가 시작되었다.
② 로부스타를 주로 생산하며, 카피 로열은 최고급 로부스타로 평가받는다.
③ 계절풍으로 건조, 숙성시킨 몬순 커피가 유명하다.
④ 17세기 네덜란드로부터 커피나무가 들어와서 재배하기 시작하였고, 대표적인 커피는 만델링 커피이다.

25 로부스타를 생산하지 않는 나라는?

① 우간다
② 코스타리카
③ 베트남
④ 브라질

26 커피 생산국과 주요 재배 지역이 바르게 연결된 것은?

① 콜롬비아 – 타라주
② 과테말라 – 안티구아
③ 브라질 – 킬리만자로
④ 케냐 – 시다모

27 다음에서 설명하고 있는 용어는?

> 와인에서 많이 알려진 이 용어는 포도나무와 재배 환경의 밀접한 관계를 설명하는 데 많이 쓰인다. 커피나무 역시 기후, 토양, 재배 고도 등의 영향을 많이 받기 때문에 점점 그 상관관계에 대한 관심이 높아지고 있다.

① 떼루아(Terroir)
② 플레이버(Flavor)
③ 부케(Bouquet)
④ 유기농(Organic)

28 로스팅 시 발생하는 일반적인 물리적 변화에 대하여 잘못 설명한 것은?

① 수분은 감소한다.
② 부피는 증가한다.
③ 갈색으로 색깔이 변화한다.
④ 생두의 밀도는 높아진다.

29 다음 설명에서 (   ) 안에 들어갈 알맞은 단어로 짝지어진 것은?

> 로스팅 과정에서 두 번의 파열음을 들을 수 있는데, 이를 크랙 또는 파핑이라고 한다. 1차 크랙은 생두 내부의 (   )이(가) 열과 압력에 의해 기화하면서 발생하고, 2차 크랙은 로스팅이 더 진행되면서 일어나는데 이 때는 목질 조직이 파괴되며 (   )이(가) 방출된다.

① 수분, 일산화탄소
② 수분, 이산화탄소
③ 향미 성분, 질소
④ 카페인, 오일 성분

30 다음 보기의 원두 표기를 봤을 때 로스팅이 가장 오래 진행되어 색상이 가장 어두울 것으로 예상되는 원두는 무엇인가?

> ㉠ 에티오피아 예가체프 G2 #75
> ㉡ 케냐 키암부 AA Medium Roasting
> ㉢ 콜롬비아 Huila 수프리모 #45
> ㉣ 파나마 에스메랄다 게이샤 Light Medium Roasting

① ㉠
② ㉡
③ ㉢
④ ㉣

31 다음에서 설명하고 있는 로스팅의 화학적 변화는?

> 열분해에 의해 휘발성 화합물이 배출되면서 생두에 포함되어 있는 자당이 황색으로 변화한다. 1차 크랙을 지나 2차 크랙 전까지 일어나는 반응이다.

① 캐러멜화
② 마이야르 반응
③ 가수분해
④ 중합반응

32 생두 내의 수분함량은 로스팅에서 열전달에 영향을 미치는데, 이에 대한 잘못된 설명은?

① 수분함량이 높을수록 더 많은 열이 필요하다.
② 수분함량이 낮을수록 온도가 더 빨리 오른다.
③ 수분함량이 높으면 더 많은 양의 수증기가 생두 밖으로 배출되어야 하므로 생두 외부에서 내부로의 열전달을 방해한다.
④ 수분함량이 높을수록 같은 열량 대비 로스팅 속도가 빨라진다.

33 로스팅 과정에 따른 변화와 특징에 대한 설명으로 옳은 것은?

① 로스팅이 과하게 너무 오래 진행되면 자연 발화가 일어날 수 있다.
② 프렌치 로스트는 원두가 계피색을 띠고 가장 신맛이 강하다.
③ 생두가 열을 계속 흡수하여 조직은 팽창하고 색깔은 점점 푸르게 변한다.
④ 로스팅이 진행될수록 생두의 탄수화물, 지방, 단백질, 유기산 등은 지속적으로 화학반응을 일으켜 커피의 맛과 향기 성분이 계속 증가한다.

34 로스팅 기계에 대한 설명 중 틀린 것은?

① 가정용 로스팅 머신은 주로 전기를 열원으로 사용한다.
② 열풍식 로스팅 머신은 주로 전도열을 이용하여 로스팅이 이루어진다.
③ 최근에는 디지털 프로그래밍 등 자동으로 로스팅할 수 있는 스마트 로스터가 등장하였다.
④ 일반적으로 열풍식 로스팅 머신은 반열풍식이나 직화식에 비해 로스팅 시간이 짧다.

35 커피 추출에 대한 의미를 옳게 설명한 것은?

① 분쇄 커피 입자가 물을 만나서 향미 성분을 분리하여 음료화한 것이다.
② 분쇄 커피 입자를 물과 접촉시켜 지용성 성분을 뽑는 것을 말한다.
③ 분쇄 커피 입자가 물과 접촉하여 커피의 단맛 성분을 분리해 음료화한 것이다.
④ 분쇄된 커피 입자가 물을 만나 커피의 고형 성분을 녹여 음료화한 것이다.

36 다음에서 설명하는 현상에 대한 맞는 용어
는?

> 흔히 푸어오버(Pour–Over)로 커피를 추출
> 할 때 뜨거운 물과 분쇄된 커피, 기체가 뒤
> 섞이는 현상을 말한다. 교반 작업을 하는
> 경우에 이 현상이 더 잘 일어난다. 뜨거운
> 물이 분쇄된 커피와 접촉할 때 기체가 배출
> 되면서 곱게 갈린 커피 입자들 사이로 뜨거
> 운 물이 흐르며 커피의 맛과 향 성분을 알
> 맞게 추출할 때 일어나는 현상이다.

① 침투　　　　② 분리
③ 난류　　　　④ 용해

37 다음에서 설명하는 그라인더 날의 형태는
무엇인가?

> 모터와 직접 연결된 금속으로 된 칼날을 회
> 전시켜 충격식으로 분쇄하는 방식으로, 균
> 일한 분쇄가 어려운 단점이 있다.

① 플랫 버
② 코니컬 버
③ 블레이드 커터
④ 롤러 커터

38 커피를 추출할 때 사용하는 물에 관한 내
용이 틀린 것은?

① 물의 염소 성분은 커피 맛에 치명적
인 영향을 준다.
② 냄새와 불순물이 없고 신선해야 한다.
③ 무기물이 전혀 없는 순수한 물을 사
용하는 것이 좋다.
④ 석회질이 많은 지역의 물은 정수하여
경도가 낮은 물을 사용하여야 한다.

39 추출 방식 중에서 커피 가루에 물을 부어
통과시켜 고형 성분을 분리하는 '여과식'
방식이 아닌 것은?

① 모카포트
② 에스프레소 머신
③ 페이퍼 드립
④ 체즈베

40 다음 설명에서 (　) 안에 들어갈 말이 알맞
게 짝지어진 것은?

> (　)은(는) 커피의 가용 성분 중에서 실제
> 로 커피에 추출된 비율, 즉 사용한 원두 양
> 에서 뽑아낸 커피 고형 성분의 비율을 말하
> 고, 추출된 커피 인에 녹아 있는 커피 싱분
> 의 양은 (　)(이)라고 한다.

① 추출 농도, 추출 수율
② 골든 컵, 추출 농도
③ 가용 수율, 커피 농도
④ 추출 수율, 추출 농도

41 로스팅된 원두가 공기 중의 산소와 접촉해
산화하며 그 맛과 향이 변질되는 현상인
산패에 대해 잘못 설명한 것은?

① 원두는 햇빛에 더 노출될수록 산패가
촉진된다.
② 라이트 로스트 상태의 원두가 다크 로
스트 원두에 비해 산패가 더 빨리 진
행된다.
③ 분쇄 입자가 작을수록 공기와의 접촉
면이 늘어나서 산화가 촉진되므로,
추출 직전에 분쇄하는 것이 좋다.
④ 원두의 보관 온도가 높으면 산화 속
도가 촉진된다.

42 에스프레소에 대한 설명으로 틀린 것은?

① 순수한 물과 비교했을 때 전기전도
도, 점도, 밀도가 높아진다.
② 추출액은 수용성 상태로만 존재한다.
③ 9기압의 강한 압력으로 인해 커피의
불용성 성분인 커피 오일이 크레마
형태로 나타난다.
④ 일반적으로 20~30초 정도의 시간에
약 30ml 정도의 커피가 추출된다.

43 에스프레소 머신을 이용하여 커피를 추출
할 때의 과정 설명이 잘못된 것은?

① 포터필터 장착 전에 물 흘리기를 하
는 이유는 샤워 스크린 청결 및 온도
유지 때문이다.
② 포터필터에 원두를 담기 전에 필터
바스켓 내부의 물기와 커피 찌꺼기를
닦는다.
③ 포터필터 장착을 하고 주변 청소와 서
빙 준비를 한 후에 추출을 시작한다.
④ 원두를 바스켓 사이즈 정량보다 많이
담을 경우 헤드 스페이스 공간이 부
족해 누수가 생기거나 에스프레소 추
출에 부정적인 영향을 줄 수 있다.

44 커피 성분이 지나치게 많이 추출되는 과다
추출의 원인으로 거리가 먼 경우는?

① 적정 온도보다 낮은 온도로 추출한
경우
② 원두의 분쇄 입자가 지나치게 가늘게
된 경우
③ 적정 기준보다 너무 많은 양의 원두
를 담아서 추출한 경우
④ 적정 탬핑 압력보다 강하게 여러 번
탬핑하여 추출한 경우

45 호퍼를 주기적으로 청소해야 하는 이유로
옳은 것은?

① 커피 오일
② 습기
③ 실버 스킨
④ 온도

46 다음에서 설명하고 있는 우유의 성분은?

> • 우유의 단맛을 나게 하며, 칼슘 흡수를
> 촉진하는 성분이다.
> • 우유를 마시고 소화가 잘 되지 않아서 통
> 증을 유발하는 경우 그 원인이 되는 성분
> 이다.
> • 95% 이상의 알코올, 에테르에 녹지 않으
> 며 냉수에도 용해되지 않는다.

① 카세인
② 무기질
③ 지방
④ 유당

47 커피를 마실 때 향을 맡는 단계에 따른 순서가 옳은 것은?

① 아로마 → 프래그런스 → 노즈 → 애프터테이스트
② 프래그런스 → 아로마 → 노즈 → 애프터테이스트
③ 노즈 → 프래그런스 → 아로마 → 애프터테이스트
④ 프래그런스 → 노즈 → 아로마 → 애프터테이스트

48 커피의 영양학적 효능에 대한 설명으로 틀린 것은?

① 항산화 효과가 있는 페놀류 성분으로 노화 예방에 도움이 된다.
② 다량의 칼륨 성분은 혈압 유지에 도움을 준다.
③ 칼슘 성분이 많아 뼈 건강, 골다공증 예방에 도움이 된다.
④ 장 건강에 유익한 유산균을 활성화시킨다.

49 식재료를 보관하는 경우 냉장, 냉동 적정 온도가 옳은 것은?

① 냉장 5℃ 이하, 냉동 −18℃ 이하
② 냉장 0℃ 이하, 냉동 −10℃ 이하
③ 냉장 5℃ 이하, 냉동 −10℃ 이하
④ 냉장 0℃ 이하, 냉동 −30℃ 이하

50 카페 매장에서 고객에게 서비스하는 기본 자세 로 틀린 것은?

① 직원의 입장이 아닌 고객의 입장에서 서비스한다.
② 용모는 항상 단정하게, 머리, 복장 등은 항상 깔끔하게 유지한다.
③ 고객들 간의 대화에 적극적으로 끼어들어 친밀감을 높인다.
④ 고객으로부터 클레임이 발생했을 경우, 신속히 응대하고 솔직한 답변으로 적극적으로 해결하려는 자세를 보인다.

01 커피나무가 처음 발견된 나라와 처음 경작을 시작한 나라가 바르게 연결된 것은?

① 예멘, 에티오피아
② 콩고, 예멘
③ 에티오피아, 튀르키예
④ 에티오피아, 예멘

02 커피나무의 열매로 외피(Outer Skin)와 과육(Pulp)이 있는 상태를 무엇이라 하는가?

① Coffee Bean
② Coffee Cherry
③ Coffee Peaberry
④ Coffee Parchment

03 커피의 3대 원종에 해당하지 않는 것은?

① Arabica
② Bourbon
③ Canephora
④ Liberica

04 다음에서 설명하고 있는 커피 품종은?

> 이 품종은 1834년 서아프리카 시에라리온에서 처음 발견된 커피 체리가 검은색인 품종이다. 아라비카에 비해 병충해, 서리에 강하고 향도 우수하다는 평가를 받았으나 낮은 경제성, 긴 성숙 기간, 심각한 병충해 등으로 인해 차차 사라져서 멸종된 것으로 알려졌다가 2018년 서아프리카에서 야생 군락지가 발견되었다. 기후변화로 인해 아라비카의 재배가 위협을 받고 있는 와중에 이 품종의 재발견은 크게 주목을 받고 있다.

① 스테노필라
② 로부스타
③ 리베리카
④ 게이샤

05 커피 열매에 대한 설명 중 틀린 것은?

① 커피나무에서는 흰색의 커피 꽃이 피고, 꽃이 진 자리에 커피 열매가 자란다.
② 커피 열매의 씨앗인 생두를 로스팅하여 커피 음료로 만들게 된다.
③ 커피 열매는 커피 체리라고 부르며, 성숙하면서 모두 빨갛게 익는다.
④ 커피 체리는 일반적으로 2개의 생두가 들어 있으며, 간혹 드물게 1개 또는 3개인 경우도 있다.

06 커피 체리의 구조를 바깥쪽부터 올바른 순서로 나타낸 것은?

① Outer Skin – Pulp – Mucilage – Parchment – Silver Skin – Green Bean
② Outer Skin – Mucilage – Parchment – Pulp – Silver Skin – Green Bean
③ Outer Skin – Silver Skin – Pulp – Mucilage – Parchment – Green Bean
④ Outer Skin – Parchment – Mucilage – Pulp – Silver Skin – Green Bean

07 아라비카종의 특징으로 옳은 것은?

① 타가수분을 통해 번식이 이루어진다.
② 염색체는 22개이다.
③ 센터 컷이 일반적으로 일직선의 형태를 보인다.
④ 린네(Linne)에 의해 품종으로 분류 등록된 시기는 1753년이다.

08 1686년 프랑스 파리에 오픈한 최초의 카페는 어디인가?

① 카페 플로리안(Caffè Florian)
② 더 킹스 암스(The King's Arms)
③ 카페 르 프로코프(Café Le Procope)
④ 카페 그레코(Caffé Greco)

09 ( ) 안에 들어갈 말로 알맞게 짝지어진 것은?

> 커피의 생산 지역은 처음에는 오직 예멘, 에티오피아 등 지중해 연안의 일부 중동 국가였으나 커피 산지가 지금처럼 널리 퍼지게 된 데에는 역사적으로 몇 가지 중요한 사건이 있다. 첫째로 이슬람권에서 커피 종자 유출이 엄격하게 제한되던 시기에 이슬람교 승려 ( )에 의해 인도 남부로 밀반출된 커피 종자로 산지가 확대되었다. 둘째로 ( )의 상인이 커피나무를 몰래 밀반출하여 자국의 식민지였던 인도네시아 등에 옮겨 심어 대량 생산이 이루어질 수 있게 하였다.

① 클레멘트 8세 – 베니스
② 바바부단 – 네덜란드
③ 오마르 – 이탈리아
④ 라제스 – 이집트

10 아라비카종과 로부스타종을 비교한 내용으로 옳은 것은?

① 로부스타종의 생산량이 아라비카종에 비해 월등하게 많다.
② 카페인 함량은 아라비카종이 로부스타종에 비해 2배가량 많은 편이다.
③ 아라비카종은 타가수분, 로부스타종은 자가수분한다.
④ 아라비카종은 원산지가 에티오피아이고, 로부스타종은 콩고이다.

11 역사에 기록된 바에 의하면 우리나라에서 최초로 커피를 마신 사람으로 알려진 고종 황제는 어떤 사건을 계기로 커피를 즐기게 되었는가?

① 아관파천
② 갑오개혁
③ 임오군란
④ 갑신정변

12 커피 씨앗은 발아 확률이 높은 어떤 상태에서 파종을 하는가?

① 파치먼트
② 그린 빈
③ 원두
④ 펄프드 커피 체리

13 커피나무의 재배에 가장 적합한 토양은?

① 물이 많은 토양
② 화강암성 토양
③ 점토
④ 유기질이 풍부한 화산 토양

14 1870년 브라질에서 발견된 티피카의 돌연변이종으로, 커피나무 및 생두도 크기 때문에 '코끼리콩'으로 불리기도 하는 이 품종은 무엇인가?

① 카티모르
② 파카스
③ 마라고지페
④ 테키식

15 커피 생산지에 대한 설명이 잘못된 것은?

① 커피 벨트라고 불리는 북위 25°와 남위 25° 사이에서 커피가 재배되고 생산된다.
② 연평균 기온 22℃, 강수량 1,200~2,000mm 정도의 지역이 커피 재배에 적합하다.
③ 에티오피아를 제외한 많은 생산지들이 식민지 시대의 유산으로 커피 재배가 시작되었다.
④ 같은 품종의 커피는 생산지가 달라도 같은 향미와 품질을 가진다.

16 인공적으로 커피의 종자를 개량하는 경우 주로 어떤 목적으로 행해지는가?

① 생두의 크기를 크게 만들어 무게를 늘리고 높은 등급의 생두를 생산하기 위해
② 키가 작은 나무를 만들어 수확 및 생산을 용이하게 하기 위해
③ 병충해에 강한 품종을 개발하고 단위면적당 생산량을 늘리기 위해
④ 밀도감이 높은 품종을 개발하여 우수한 향미를 가진 커피를 생산하기 위해

17 워시드 가공법에는 있지만 내추럴 가공법에는 없는 과정은 무엇인가?

① 탈곡(Milling)
② 발효(Fermentation)
③ 선별(Sorting)
④ 건조(Drying)

18 커피의 표기가 잘못된 것은?

① 콜롬비아 메데인 Supremo
② 브라질 산토스 NY2
③ 케냐 니에리 SHB
④ 에티오피아 예가체프 G2

19 '커피의 귀부인'이라는 별명이 있고, 향과 맛이 뛰어난 것으로 이름난 이 커피는 무엇인가?

① 자메이카 블루 마운틴
② 하와이 코나
③ 파나마 게이샤
④ 에티오피아 예가체프

20 다음 중 나머지와 다른 하나는 무엇인가?

① 헤이즐넛 커피(Hazelnut Coffee)
② 코피 루왁(Kopi Luwak)
③ 위즐 커피(Weasel Coffee)
④ 블랙 아이보리 커피(Black Ivory Coffee)

21 디카페인 커피에 대한 설명이 틀린 것은?

① 물 추출법은 화학약품을 사용하지 않아 가장 안전하게 카페인을 제거할 수 있는 방법이다.
② 디카페인 제거 기술로 인해 디카페인 커피는 카페인 함량이 0%이다.
③ 1903년 독일에서 처음 상업적 카페인 제거 기술을 개발하여 디카페인 커피가 탄생하였다.
④ 용매 추출법은 미량의 용매 성분이 커피에 잔류하는 문제점이 있다.

22 다음에서 설명하고 있는 SCA 기준 결점두를 바르게 짝지은 것은?

> ㉠ 커피 체리를 늦게 수확하였거나 흙과 접촉하여 발효되어서 콩 색깔이 검은색을 띤다.
> ㉡ 커피콩의 안쪽 부분이 떨어져나가 바깥쪽만 남아 있는 형태로 로스팅 후에 쉽게 발견되며, 유전적인 원인으로 발생한다.

① ㉠ 사우어 빈(Sour Bean)
　 ㉡ 허스크(Husk)
② ㉠ 인섹트 데미지(Insect Damage)
　 ㉡ 플로터(Floater)
③ ㉠ 펑거스 데미지(Fungus Damage)
　 ㉡ 브로큰(Broken)
④ ㉠ 블랙 빈(Black Bean)
　 ㉡ 쉘(Shell)

23 수확한 커피 체리를 건조장(Patio)에 넓게 펼쳐서 수분이 일정 수준 이하가 될 때까지 건조하는 방법을 무엇이라 하는가?

① 습식법
② 건식법
③ 허니 프로세스
④ 펄프드 내추럴

24 커피 생산 국가 중의 하나인 에티오피아에 대한 설명으로 틀린 것은?

① 아라비카종의 원산지이며, 지금도 개발되지 않은 야생 품종이 많아서 다양성이 풍부하다.
② 결점두 개수에 따라 등급 분류를 하며, G1~G6로 표기를 한다.
③ 800m 이하의 저지대에서 주로 커피를 재배한다.
④ 에티오피아 커피의 70% 정도는 건식법으로 생산된다.

25 로부스타종의 주요 생산 국가가 아닌 곳은?

① 인도
② 우간다
③ 코스타리카
④ 베트남

26 생두 등급 분류 기준이 다른 나라는?

① 온두라스
② 과테말라
③ 멕시코
④ 콜롬비아

27 다음에서 설명하는 개념에 포함되지 않는 것은?

> 한때 국제적으로 지속적 커피 가격 하락으로 커피 생산지들이 어려움을 겪게 되자 커피 생산 지역의 사회적, 생태적 지속성에 대한 고민으로 시작되었다. 커피 생산 국가들이 환경친화적인 커피 농사를 지으면서 각 농가에 적정 수준으로 보상이 유지되도록 한다는 개념이다.

① 스페셜티 커피(Specialty Coffee)
② 공정무역 커피(Fair-Trade Coffee)
③ 조류 친화적 커피(Bird-Friendly Coffee)
④ 유기농 커피(Organic Coffee)

28 로스팅할 때 열분해 과정에서 나타나는 현상으로 옳은 것은?

① 밀도가 높아진다.
② 향미가 생긴다.
③ 급격하게 로스터기 드럼 내부의 온도가 낮아진다.
④ 수분이 증가한다.

29 로스팅이 끝난 원두는 어느 정도 디개싱(Degassing)을 거친 후 추출하는데, 로스팅 중에 발생하는 어떤 가스 성분 때문인가?

① 이산화탄소
② 일산화탄소
③ 산소
④ 질소

30 로스팅 과정에서 일어나는 물리적 변화 중에 원두의 색깔 변화가 일어나는데, 이때 관찰할 수 없는 색깔은?

① 검은색
② 계피색
③ 갈색
④ 흰색

31 뉴 크롭에 대한 설명으로 틀린 것은?

① 당해에 생산한 커피 생두를 말한다.
② 뉴 크롭의 수분함량은 패스트 크롭이나 올드 크롭에 비해 많은 편이다.
③ 로스팅 시 뉴 크롭은 더 적은 열량과 시간이 쓰인다.
④ 패스트 크롭, 올드 크롭에 비해 가격이 높고 향미를 나타내는 성분 함량도 많다.

32 로스팅을 하기 전에 필수적으로 파악해야 할 생두의 특성으로 가장 거리가 먼 것은?

① 수확 연도
② 생산지 토양 환경
③ 수분함량
④ 밀도

33 다음 보기의 화학적 성분 중 로부스타종에 비해 아라비카종에 더 많이 함유된 것으로 옳게 짝지어진 것은?

㉠ 카페인	㉡ 탄수화물
㉢ 지질	㉣ 클로로겐산

① ㉡, ㉢
② ㉠, ㉡
③ ㉠, ㉣
④ ㉢, ㉣

34 다음에 해당하는 커피의 성분은 무엇인가?

- 항균, 살균 작용을 하는 물질이다.
- 교감신경을 자극하고 심리적 안정과 각성을 주는 성분이다.
- 낮은 고도에서 자란 로부스타종이 비교적 더 많이 함유하고 있다.
- 열에 비교적 안정적이어서 로스팅 후에도 원두에서 차지하는 비중은 크게 변하지 않는다.

① 유기산
② 트리고넬린
③ 리보플라빈
④ 카페인

35 커피 원두의 색깔과 가장 관련이 없는 성분은 무엇인가?

① 캐러멜
② 멜라노이딘
③ 클로로겐산
④ 카페인

36 아라비카의 15~17%, 로부스타의 10~11.5%를 차지하고 있고, 커피 향과 맛에 가장 많은 영향을 주는 커피의 성분은 무엇인가?

① 카페인
② 지질
③ 자당
④ 트리고넬린

37 커피 추출액에 함유된 무기질 성분 중에서 가장 비중이 큰 것은?

① 칼륨
② 칼슘
③ 인
④ 나트륨

38 유리당 중에서 생두에 가장 많이 함유되어 있고, 로스팅 시 가장 많이 감소하는 성분은 무엇인가?

① 자당
② 과당
③ 포도당
④ 마노스

39 로스팅 과정의 생두의 화학적 성분 변화 중에서 다음 설명에 해당하는 성분은?

유기산 중에서 가장 많은 성분으로 폴리페놀 형태의 페놀 화합물에 속하며, 갈변 반응을 일으키는 성분이다. 생두에 가장 많이 존재하고, 로스팅 초반부에 급속히 감소하면서 퀴닉산과 카페산으로 바뀌어 떫고 쓴 맛을 낸다. 일반적으로 아라비카종보다 로부스타종에 더 많이 함유되어 있다.

① 시트르산
② 말산
③ 클로로겐산
④ 타타르산

40 다음에서 설명하고 있는 커피 추출 방식은?

> 필터를 이용하여 커피 가루를 걸러 추출하는 방식 중의 하나이다. 천의 섬유조직을 필터로 사용한 것이 시초이다. 한 면은 기모로 되어 있고, 양면 사용이 가능하며, 커피 오일까지 같이 추출되는 방식이다.

① 페이퍼 드립
② 융 드립
③ 사이펀
④ 에어로프레스

41 커피 추출 방식은 흔히 침출식과 필터 여과식으로 나뉘는데, 그 방식이 다른 하나는?

① 페이퍼 드립
② 체즈베
③ 에스프레소 머신
④ 케멕스

42 에스프레소 머신을 이용하여 에스프레소를 추출할 때 설명으로 틀린 것은?

① 추출 속도는 기본적으로 분쇄도에 의해 결정되며 그 외 원두의 양, 탬핑 강도 등에 따라서도 달라질 수 있다.
② 에스프레소 크레마 거품의 두께는 추출 압력에 의해서만 달라지며 원두의 종류, 로스팅 상태 등과 전혀 관계가 없다.
③ 적정 온도보다 낮은 온도로 추출할 경우 과소 추출이 일어난다.
④ 포터필터에 적정량의 원두를 담는 도징, 담긴 원두 가루를 평평하게 하는 레벨링, 적정한 압력으로 누르는 탬핑을 거친 후에 에스프레소를 추출한다.

43 에스프레소 추출 과정으로 잘못된 내용은?

① 사용 전 에스프레소 머신의 추출 압력과 스팀 압력을 점검해야 한다.
② 기본적으로 추출 전 잔의 예열을 해야 한다.
③ 커피 가루의 균일한 밀도를 유지하기 위해서 수평에 맞게 탬핑해야 한다.
④ 메인 보일러의 물 온도가 낮을 경우 열수를 많이 빼고 추출한다.

44 다음에서 설명하고 있는 인물은?

> 스프링의 복원력을 이용하여 커피를 추출하는 방식의 머신을 개발하였다. 수동 스프링 레버가 달린 압축식 9기압 에스프레소 머신 발명으로 의도치 않게 '크레마'라는 거품이 생성된 커피를 만들어서, 천연 커피 크림이라고 광고하였다.

① 페마(E.V. Faema)
② 루이지 베제라(Luigi Bezzera)
③ 안젤로 모리온도(Angelo Moriondo)
④ 아킬레 가찌아(Achille Gaggia)

45 포터필터의 필터 홀더의 재질은 무엇인가?

① 동(구리)
② 알루미늄
③ 우레탄
④ 스테인리스 스틸

46 커피 머신의 연수기는 주기적으로 청소해야 하는데 이때 청소에 사용하는 것은 무엇인가?

① 소금
② 식초
③ 뜨거운 물
④ 베이킹 소다

47 우유 거품을 생성하는 데 가장 중요한 성분과 거품 유지력을 높이는 성분끼리 순서대로 맞게 짝지어진 것은?

① 지방, 단백질
② 단백질, 탄수화물
③ 단백질, 지방
④ 지방, 칼슘

48 커피의 신맛을 나타내는 성분과 가장 거리가 먼 것은 무엇인가?

① 아세트산
② 카페산
③ 말산
④ 시트르산

49 다음에서 설명하는 에스프레소 배리에이션 음료는 무엇인가?

> 이탈리아어로 '흔들다'라는 뜻을 가진 커피 음료이며 에스프레소 원액과 얼음, 설탕(시럽)을 셰이커(Shaker)에 넣고 흔들어 커피 원액과 거품이 1:1 정도 되게 만든다. 에스프레소의 진한 커피 맛과 부드러운 거품을 함께 즐길 수 있는 차가운 커피 음료이다.

① 아포가토
② 카페 로마노
③ 카페 샤케라토
④ 아이스 카푸치노

50 오스트리아 빈(비엔나)에서 유래하여 300년 이상의 역사가 있으며 우리나라에는 비엔나 커피로 알려진, 아메리카노 위에 휘핑크림을 듬뿍 얹은 커피 음료는?

① 플랫 화이트
② 아인슈페너
③ 카푸치노
④ 카페오레

01 커피 음료는 커피 열매의 어느 부분으로 만들어지는가?

① 과육 ② 씨앗
③ 실버 스킨 ④ 외과피

02 다음에서 설명하고 있는 것은?

> 스페인어로 껍질을 의미하는데, 커피 체리를 펄핑(Pulping)하고 난 뒤 남겨진 껍질을 건조하여 우려내서 마시는 음료이다. 커피의 원산지인 에티오피아와 예멘에서는 이미 오래전부터 생활 속에서 즐겨 마셨고, 가난한 자들의 커피라고 불렸다. 최근 들어 미국, 유럽 등지에서 인지도가 올라가고 있다.

① Caracoli
② Cascara
③ Cappuccino
④ Con Panna

03 커피 열매에 대한 설명으로 틀린 것은?

① 커피 열매는 바깥쪽부터 겉껍질, 과육, 점액질, 파치먼트, 실버 스킨, 생두의 구조로 이루어져 있다.
② 정상적인 커피 열매에는 2개의 생두가 들어 있다.
③ 커피 열매의 성장 속도는 품종에 따라 조금씩 다르다.
④ 커피 꽃의 개화부터 열매의 수확까지의 기간은 아라비카종이 로부스타종보다 길다.

04 커피나무에 대해 잘못 설명한 것은?

① 경제적인 수명은 20~30년 정도이다.
② 3년 정도 지나면 열매가 열리기 시작하며, 안정적인 수확은 5년 정도부터 가능하다.
③ 열대지방에서 자라는 꼭두서니과 코페아속의 쌍떡잎식물이다.
④ 안정적인 수분 흡수를 위해서 1m 이상 길게 뿌리를 내린다.

05 로부스타종에 대한 설명으로 잘못된 것은?

① 기후, 병충해에 취약한 편이어서 30% 내외로 아라비카에 비해 적게 생산된다.
② 콩고가 원산지이며 베트남, 인도, 우간다, 브라질 등에서 주로 재배한다.
③ 22개의 염색체를 가지고 있으며, 타가수분(곤충이나 바람의 매개로 수정)을 통해 열매가 생긴다.
④ 카페인 함량이 높아서 주로 인스턴트 커피 제조용으로 사용한다.

06 커피 꽃은 보통 건기가 끝나고 우기가 시작될 때 내리는 비에 의해 자극을 받아 일제히 개화하기 시작하는데, 이때 내리는 첫 번째 비를 지칭하는 말은?

① Terroir
② Blossom Shower
③ Nursery
④ Coffee Cherry

07 기원전 7세기경 에티오피아 카파지역에서 염소를 키우던 목동에 의해서 커피나무가 발견되었다는 이야기로 알려진 커피의 기원설은?

① 칼디의 전설
② 오마르의 전설
③ 모하메드의 전설
④ 시바 여왕의 전설

08 커피의 역사적 사건들을 오래된 순서대로 옳게 나열한 것은?

> ㉠ 오스만튀르크 콘스탄티노플에 커피하우스가 등장하였다.
> ㉡ 영국 런던에 최초로 커피하우스가 문을 열었다.
> ㉢ 베니스의 상인들에 의해서 커피가 유럽에 소개되었다.
> ㉣ 바흐(Bach)가 커피 칸타타(Coffee Cantata)를 작곡하였다.

① ㉠-㉡-㉢-㉣
② ㉢-㉠-㉡-㉣
③ ㉠-㉢-㉡-㉣
④ ㉢-㉡-㉠-㉣

09 커피 용어에 대한 설명이 잘못된 것은?

① 커피 체리 : 커피 열매
② 그린 빈 : 커피 열매의 정제된 씨앗
③ 홀 빈 : 커피 씨앗을 건조한 것
④ 그라운드 커피 : 분쇄된 원두 가루.

10 피베리에 대한 설명으로 잘못된 것은?

① 피베리는 결함이 있는 콩으로 대개 낮은 가격에 거래된다.
② 유전적 결함이나 불완전한 수정 등에 의해 발생하며 나뭇가지 끝에서 많이 발견된다.
③ 커피콩의 사이즈가 일반 콩에 비해 작은 편이다.
④ 한쪽 면이 평평한 플랫 빈과 달리 피베리는 전체가 둥근 모양을 하고 있다.

11 문도 노보(Mundo Novo)와 카투라(Caturra)의 인공교배종으로, 병충해와 강풍, 홍수, 기품에 강한 장점이 있는 품종은?

① 파카마라(Pacamara)
② 카티모르(Catimor)
③ 카투아이(Catuai)
④ 마라고지페(Maragogype)

12 커피를 재배할 때 바나나 나무 등 잎이 크고 키가 큰 나무를 함께 심어서 일조량을 줄이고 직사광선이나 서리, 강한 바람으로부터 커피나무를 보호하는 재배 방식을 무엇이라 하는가?

① Shadow Grown
② Shade Grown
③ Sun Grown
④ Nursery

13 다음에서 설명하고 있는 커피 병충해는?

> 1861년 영국의 식물학자에 의해 동아프리카 야생 커피나무에서 처음 발견되었다. 이 병충해 유행이 1870년 이후로 1920년대까지 실론과 인도, 인도네시아의 커피 산지를 황폐화시켰다. 기온이 너무 높은 경우 열매가 빨리 익고, 수확량은 많아지지만 이 병에 걸리기 쉽다. 아라비카종이 특히 이 병충해에 취약하다. 현재까지 알려진 커피 질병 중 가장 피해가 큰 것으로 알려져 있다.

① CLR(Coffee Leaf Rust)
② CBD(Coffee Berry Disease)
③ CBB(Coffee Berry Borer)
④ CWD(Coffee Wilt Disease)

14 커피 가공 방식이 나머지와 다른 하나는?

① 생두가 상하거나 썩기 쉬운 단점이 있으나 바디감이 높고 단맛이 우수한 향미를 가진다.
② 아라비카 생산에 주로 이용하며 신맛과 깔끔하면서 균형 있는 향미의 특징이 있다.
③ 과육을 벗긴 후 수조에 담가 24~48시간 정도 발효 과정을 거친다.
④ 수질오염 등 환경문제가 많다.

15 커피 건조 과정에 대한 설명이 잘못된 것은?

① 균일하게 건조될 수 있도록 파치먼트나 체리를 자주 뒤집는 것이 중요하다.
② 아프리칸 베드(African Bed)라고 불리는 건조대를 사용하는 건조 방식은 파티오(Patio)라고 하는 바닥 건조대에 비해 더 많은 노동력을 필요로 한다.
③ 기계를 이용하여 건조하는 방식은 전통적인 햇볕 건조에 비해 균일한 건조가 가능하다.
④ 건조를 위한 파티오(Patio)는 콘크리트, 아스팔트, 자갈, 모래 등으로 만들어진다.

16 다음 설명에 해당하는 커피 생산 국가는 어디인가?

> 국토의 12%가 커피 농장이다. 비옥한 화산 지대와 높은 해발고도, 이상적인 기후 조건을 갖추고 있는 중앙아메리카 최대 커피 생산지이다. 주요 생산 지역은 산타아나, 손소나테 등이며, 재배 고도에 따라 SHG(Strictly High Grown), HG(High Grown), CS(Central Standard) 순으로 등급 분류를 한다. 아라비카종만 재배하고, 주요 재배 품종은 버번, 파카스, 파카마라 등이다.

① 온두라스
② 과테말라
③ 코스타리카
④ 엘살바도르

17 전 세계 커피 생산과 소비에 대한 설명으로 틀린 것은?

① 1인당 커피 소비율로만 보면 핀란드, 노르웨이, 덴마크 등 북유럽 국가들이 상위권이다.
② 브라질은 세계 최대 커피 생산 국가이면서 소비도 높은 편이다.
③ 우리나라의 커피 소비율은 아시아 국가 중에서는 일본 다음으로 높다.
④ 단일 지역으로는 북아메리카 지역이 커피 소비가 가장 많다.

18 커피를 볶기 시작한 로스팅 기원설에 대해 잘못 설명한 것은?

① 커피콩을 달여 마시다 우연히 눌어붙어서 커피 로스팅이 되었다.
② 에티오피아 목동이었던 칼디가 우연히 불에 타서 로스팅된 커피를 발견하였다.
③ 우연히 에티오피아 숲에 불이 나서 로스팅된 커피 체리를 발견하였다.
④ 예멘에서 커피 유출을 막고자 생두를 가열하다 커피 로스팅이 시작되었다.

19 로스팅의 열전달 방식 중 유체의 이동에 의해 열이 전달되는 방식으로, 열풍식 로스터에서 가장 비중이 높은 것은?

① 대류
② 복사
③ 반사
④ 전도

20 로스팅 단계 중에서 가장 강한 로스팅 단계로 짝지어진 것은?

① #25, High Roast
② #95, Italian Roast
③ #25, Italian Roast
④ #95, French Roast

21 1990년대 이후로 등장하여 최근 몇 년 사이 급속히 대중화된 스페셜티 커피에 대하여 잘못 설명한 것은?

① 뛰어난 향과 맛을 지닌 고급 커피를 표방하는 마케팅 용어이다.
② 스페셜티 커피라는 용어는 SCAA가 커피의 종류를 구분하기 시작하면서부터 등장하였다.
③ 인스턴트 커피 붐이었던 제1의 물결과 프랜차이즈 커피 등장인 제2의 물결에 이어 스페셜티 커피는 제3의 물결을 주도하고 있다.
④ 과거 커피 원산지 추적의 불명확성, 나라마다 다른 등급 분류, 균일하지 않은 생두의 품질 등의 한계로 인해 모든 과정에서 품질 관리가 필요하다는 배경에서 시작되었다.

22 로스팅 과정에서 일어나는 생두의 변화에 대하여 잘못 설명한 것은?

① 생두의 세포 구조가 확장되고, 수분과 이산화탄소의 배출로 인해 조직이 다공질화된다.
② 갈변 반응에 의해서 생두의 색깔은 녹색에서 점차 옅은 노란색, 갈색, 검은색으로 바뀐다.
③ 생두가 열을 받으면 표면에 주름이 발생하고 시간에 따라 주름이 깊이와 모양이 달라진다.
④ 열을 받으면 생두는 콩 내부의 수분이 증발하고 무게도 감소한다.

23 커피에 존재하는 비타민 중에서 생두보다 로스팅 된 원두에 오히려 더 많은 함량을 보이는 것은?

① 티아민(Thiamin)
② 니아신(Niacin)
③ 리보플라빈(Riboflavin)
④ 아스코르브산(Ascorbic Acid)

24 생두 상태의 성분 중에서 로스팅 후에도 크게 변하지 않는 성분에 해당하지 않는 것은?

① 셀룰로오스　　② 펙틴
③ 자당　　　　　④ 카페인

25 로스팅 머신의 부품에 대해 잘못 설명한 것은?

① 호퍼 : 생두가 드럼 안으로 투입되는 깔때기 모양의 장치
② 사이클론 : 로스팅 중에 소량의 콩을 드럼에서 꺼내어 색깔, 향 등을 확인할 수 있는 장치
③ 댐퍼 : 드럼 내부의 공기 흐름, 열량을 조절하는 장치
④ 쿨러 : 로스팅이 끝난 원두를 빠르게 냉각하는 장치

26 블렌딩에 대하여 잘못 설명한 것은?

① 싱글 오리진 원두에 비하여 밸런스를 맞출 수 있다.
② 한 가지 생두 공급 등에 문제가 생기더라도 비슷한 뉘앙스를 가진 다른 생두로 대체할 수 있다는 장점이 있다.
③ 원가를 절감하기 위해서도 블렌딩을 하는 목적이 있다.
④ 선 블렌딩 후 로스팅 방법은 로스팅 컬러가 불균일하며, 재고관리 측면에서 단점이 있다.

27 (　) 안에 들어갈 말로 순서에 옳게 나열된 것은?

> 커피의 쓴맛을 나타내는 성분은 약 30여 종으로 알려져 있는데 (㉠), (㉡), 퀴닉산, 갈색 색소, 기타 페놀 화합물 등이다. 이 중에서 쓴맛의 25% 정도를 내는 (㉠)은 알칼로이드 성분이며, 열에 불안정하기 때문에 로스팅이 진행됨에 따라 급속히 감소하며 쓴맛 이외에도 캐러멜의 단맛과 아로마 형성에도 기여한다. 커피 쓴맛의 10% 정도를 담당하는 (㉡)은 열에 비교적 안정적이어서 로스팅 후에도 원두에서 차지하는 비중은 크게 변하지 않는다.

① ㉠ 카페인, ㉡ 트리고넬린
② ㉠ 카페인, ㉡ 멜라노이딘
③ ㉠ 트리고넬린, ㉡ 카페인
④ ㉠ 클로로겐산, ㉡ 카페인

28 커피의 유기산 성분 중에서 가장 많은 성분인 클로로겐산(Chlorogenic Acid)에 대한 설명으로 틀린 것은?

① 생두에서 가장 많이 존재하고, 로스팅 초반부에 급속히 감소한다.
② 비타민C인 아스코르브산(Ascorbic Acid)보다 강한 항산화 작용을 한다.
③ 로부스타보다 아라비카에 더 많이 함유되어 있다.
④ 로스팅되면서 퀴닉산(Quinic Acid)과 카페산(Caffeic Acid)으로 바뀐다.

29 로스팅 방법 중 고온 단시간 로스팅의 설명이 잘못된 것은?

① 가용성 성분을 10~20% 더 추출할 수 있다.
② 수분 증발률이 높아서 비경제적이다.
③ 향미는 강하지만 지속력은 떨어진다.
④ 상대적으로 원두의 팽창이 커서 밀도가 낮다.

30 ( ) 안에 들어갈 단어가 순서대로 나열된 것은?

> 커피 추출은 3단계로 이루어진다. 분쇄된 커피 가루가 물과 만나면 커피 입자의 다공질화된 조직 사이로 물이 (㉠)되고, 기용성 성분을 (㉡)하고 나서 커피 입자 바깥으로 (㉢)된 성분이 (㉢)되는 과정을 통해 추출이 이루어지는 것이다.

① ㉠ 용해, ㉡ 침투, ㉢ 분리
② ㉠ 분리, ㉡ 분리, ㉢ 침투
③ ㉠ 침투, ㉡ 분리, ㉢ 용해
④ ㉠ 침투, ㉡ 용해, ㉢ 분리

31 커피 그라인더 칼날 형태가 간격식이 아닌 것은?

① 플랫 버
② 롤러 커터
③ 코니컬 버
④ 블레이드 커터

32 에스프레소 추출 조건 중 일반적인 기준에 부합하지 않는 것은?

① 추출 온도 : 95~100℃
② 추출 압력 : 9±1bar
③ 추출 시간 : 20~30초
④ 추출량 : 30±5ml

33 에스프레소 크레마에 대한 설명이 틀린 것은?

① 9bar의 강한 추출 압력으로 인해 생기는 오일 성분과 끓인 물이 유화된 상태의 거품이다.
② 크레마가 최대한 많이 나올수록 신선한 원두이므로 좋은 에스프레소로 평가한다.
③ 1947년 이탈리아 아킬레 가찌아(Achille Gaggia)가 처음으로 크레마를 발견하였다.
④ 커피액 위에 떠 있는 크레마는 단열층 역할을 해 커피가 빨리 식는 것을 방지하고, 커피 향의 보존성을 높인다.

34 에스프레소 머신 부품 중에서 샤워 홀더를 통과한 물줄기가 미세한 스크린 망으로 분산되게 하는 역할을 하는 것은?

① 개스킷
② 솔레노이드
③ 샤워 스크린
④ 플로우미터

35 물량 설정이 가능한 자동 에스프레소 머신에는 있지만, 수동 에스프레소 머신에는 없는 부품은?

① 플로우미터(Flowmeter)
② 솔레노이드 밸브(Solenoid Valve)
③ 로터리 펌프(Rotary Pump)
④ 보일러(Boiler)

36 카푸치노는 미세하고 밀도감 있는 우유 거품이 특징인 커피 음료인데, 이 우유 거품을 만드는 스티밍 과정에 대해 잘못 설명한 것은?

① 스티밍할 때 우유는 차고 신선한 우유일수록 좋다.
② 스티밍은 공기 주입과 혼합 가열(롤링) 두 단계로 이루어지며, 이때 우유에 담긴 스팀 노즐의 깊이와 위치가 중요하다.
③ 거품을 만들 때는 먼저 우유의 온도를 65℃ 이상 올린 후 공기를 주입한다.
④ 스팀 노즐 팁이 우유 표면에서 떠 있지 않도록 주의해야 한다.

37 강하게 로스팅한 원두를 추출했을 때 느껴지는 탄 맛을 나타내는 향기 용어는?

① Herby
② Chocolaty
③ Turpeny
④ Carbony

38 향을 맡을 때 단계별로 느껴지는 내용에 맞는 용어와 순서가 제대로 연결된 것은?

> ㉠ 마실 때 느껴지는 향기
> ㉡ 마시고 난 입 뒤쪽에서 느껴지는 향기
> ㉢ 분쇄된 커피 향기
> ㉣ 물에 젖은 커피 향기 또는 추출 커피의 표면에서 맡을 수 있는 향기

① ㉠ 플레이버 → ㉡ 애프터테이스트 → ㉢ 아로마 → ㉣ 프래그런스
② ㉢ 프래그런스 → ㉠ 노즈 → ㉣ 아로마 → ㉡ 애프터테이스트
③ ㉢ 프래그런스 → ㉣ 아로마 → ㉠ 노즈 → ㉡ 애프터테이스트
④ ㉣ 아로마 → ㉢ 프래그런스 → ㉠ 부케 → ㉡ 플레이버

39 커피의 맛과 향기의 복합적인 플레이버의 관능 평가에 해당하지 않는 것은?

① 미각
② 시각
③ 촉각
④ 후각

40 커피 관능 평가에서 미각에 해당하지 않는 것은?

① 감칠맛
② 신맛
③ 짠맛
④ 단맛

41 커피의 부작용에 해당하는 것은?

① 신체 에너지 생성 효과
② 폐경기 여성의 골다공증 위험성 증가
③ 각성 효과와 긴장감 유지
④ 유산균 활성화

42 SCA 커피 커핑의 평가 순서를 바르게 나열한 것은?

> ㉠ 커피를 스푼으로 떠서 빨아들이듯이 슬러핑을 하면서 플레이버 등을 평가한다.
> ㉡ 커핑 볼에 코를 가까이 대고 프래그런스의 속성과 강도를 평가한다.
> ㉢ 커핑 볼 위에 형성된 커피 가루층을 밀어내면서 브레이킹 아로마를 체크한다.
> ㉣ 두 개의 스푼을 겹쳐서 커핑 볼 위에 떠 있는 가루, 부유물을 없애는 스키밍 과정을 진행한다.

① ㉡-㉢-㉣-㉠
② ㉠-㉡-㉢-㉣
③ ㉡-㉣-㉢-㉠
④ ㉣-㉡-㉢-㉠

43 커피를 과다 섭취했을 경우, 커피의 폴리페놀(Polyphenol) 성분에 의해 체내 흡수 저해를 받는 무기질은 무엇인가?

① 인(P)　　　　② 칼륨(K)
③ 철분(Fe)　　　④ 마그네슘(Mg)

44 이탈리아 밀라노 대학 연구팀에 의해 커피를 하루 3잔 마셨을 때 간암 발병률을 40%까지 낮출 수 있다고 발표된 커피의 성분은?

① 카페인　　　　② 리놀레산
③ 카페스톨　　　④ 클로로겐산

45 식품위생법상 영업에 종사할 수 없는 질병은?

① 독감 바이러스
② 탄저병
③ 파라티푸스
④ 렙토스피라증

46 세균이나 바이러스 병원체가 음식물, 식기 및 조리 도구, 음료수, 손 등을 통해 입으로부터 체내에 침입하는 경구 전염병에 해당하지 않는 것은?

① 병원성 대장균　② 콜레라
③ 장티푸스　　　④ 세균성 이질

47 카페의 식재료를 보관하는 냉동, 냉장고의 관리 및 유지에 관한 설명이 틀린 것은?

① 교차 오염 방지를 위해 식품은 분리 보관한다.
② 내부 용적률의 90% 이하로 채워서 식재료를 보관한다.
③ 주 1회 이상 청소와 소독을 실시한다.
④ 냉장 및 냉동 온도를 주기적으로 체크하고 관리한다.

48 커피 음료를 주문받고 음료를 제공하는 방법에 대한 내용으로 틀린 것은?

① 메뉴의 내용을 완전히 숙지하고 주문을 받는다.
② 가장 연장자부터 고객의 오른쪽에서 주문을 받고, 음료 제공도 오른쪽에서 한다.
③ 주문이 끝나면 한번 더 주문 내용을 확인, 복창한다.
④ 음료 제공 시 트레이는 테이블로 올려 놓고 안전하게 서비스한다.

49 카페 운영과 관련된 법규와 가장 관계가 먼 것은 무엇인가?

① 식품위생법
② 소방법
③ 건축법
④ 관광기본법

50 전기 화재 시 대응 요령으로 잘못된 것은?

① 감전 사고자가 있을 경우 안전에 유의하여 안전한 장소로 구출한다.
② 화재 진압 시 가까운 소화전이나 물을 이용하여 빠르게 진압한다.
③ 분말 소화기를 사용한다.
④ 화재 발생 즉시 119에 신고한다.

모의고사 정답 & 해설

<table>
<tr><td colspan="5">모의고사 1회   116P</td></tr>
<tr><td>01 ④</td><td>02 ④</td><td>03 ①</td><td>04 ③</td><td>05 ②</td></tr>
<tr><td>06 ③</td><td>07 ④</td><td>08 ①</td><td>09 ①</td><td>10 ②</td></tr>
<tr><td>11 ③</td><td>12 ②</td><td>13 ②</td><td>14 ②</td><td>15 ④</td></tr>
<tr><td>16 ④</td><td>17 ①</td><td>18 ③</td><td>19 ①</td><td>20 ④</td></tr>
<tr><td>21 ②</td><td>22 ①</td><td>23 ③</td><td>24 ③</td><td>25 ①</td></tr>
<tr><td>26 ②</td><td>27 ④</td><td>28 ④</td><td>29 ②</td><td>30 ②</td></tr>
<tr><td>31 ③</td><td>32 ③</td><td>33 ①</td><td>34 ①</td><td>35 ④</td></tr>
<tr><td>36 ①</td><td>37 ②</td><td>38 ④</td><td>39 ②</td><td>40 ③</td></tr>
<tr><td>41 ②</td><td>42 ②</td><td>43 ④</td><td>44 ④</td><td>45 ②</td></tr>
<tr><td>46 ①</td><td>47 ①</td><td>48 ④</td><td>49 ③</td><td>50 ④</td></tr>
</table>

01 ④

커피나무는 AD 600~800년경 에티오피아에서 처음 발견된 것으로 알려져 있다.

02 ④

에티오피아 카파(Kaffa) 지역의 염소지기였던 칼디(Kaldi)는 평소에는 얌전하던 염소들이 처음 보는 열매를 먹은 후 이상하게도 날뛰는 모습을 보았고, 근처 수도원의 한 수도사가 이를 확인한 후 처음으로 그 열매의 효능을 확인하게 되어, '칼디의 전설'이라고 불린다.

03 ①

칼디의 전설, 모하메드의 전설과 더불어 또 하나의 커피의 기원으로 알려진 오마르(Omar)의 전설이다.

04 ③

커피의 어원은 아랍어인 '카와(Qahwah)'에서 시작되어, 오스만튀르크 제국 당시 튀르키예어 '카흐베(Kahve)'로 그 명칭이 변화하였다가, 유럽으로 넘어간 후 '카페(Cafe)'라는 명칭에서 지금의 'Coffee'가 되었다. Koffie는 네덜란드어로 커피를 뜻한다.

05 ②

커피를 최초로 문헌에 기록한 아라비아 의학자 라제스(Rhazes)는 커피를 분춤(Bunchum) 또는 분카(Bunca)라고 소개하였다. 바바 부단(Baba Budan)은 1585년 예멘 모카에서 커피 종자를 밀반출하여 인도 남부로 가지고 온 인도의 이슬람교 승려이며, 린네(Linne)는 1753년 커피나무를 식물학적으로 분류한 스웨덴의 생물학자이다.

06 ③

베니스의 상인들에 의해 커피가 유럽으로 퍼지던 당시, 카톨릭 문화권이던 유럽에서는 처음에는 커피를 '이교도의 음료'라고 박해하고 금지시켰으나, 교황 클레멘트 8세의 커피나무 세례를 계기로 널리 퍼지게 되었다.

07 ④

네덜란드의 식민지였던 실론(지금의 스리랑카)은 18세기 중반까지 아라비카종의 생산지로 이름을 떨쳤으나, 1869년 커피 생산에 악영향을 끼치는 커피녹병(Coffee Reaf Lust Disease)으로 아라비카종이 멸종되었고, 이후 내성이 있는 로부스타종과 홍차의 주요 산지로 탈바꿈하게 되었다.

08 ①

프랑스 파리의 카페 르 프로코프는 1686년, 이탈리아 베네치아의 카페 플로리안은 1720년, 미국 보스턴의 거트리지 커피하우스는 1691년, 이탈리아 로마의 카페 그레코는 1760년에 개장하였다.

09 ①

커피 칸타타를 작곡한 음악가는 바흐이다.

10 ②

1660년 영국에서 설립된 자연과학협회이며 왕립협회라고도 한다.

11 ③

염색체 개수는 아라비카종이 44개, 로부스타종이 22개이다.

12 ②

800m 이하의 저지대에서 주로 재배하는 품종은 로부스타이고, 아라비카는 800~2,000m의 고지대에서 잘 자란다.

13 ②

로부스타 품종의 적정 강수량은 2,000~3,000mm, 아라비카는 1,500~2,000mm이다. 따라서 가뭄을 더 잘 견디는 품종은 아라비카이다.

14 ②

① 아라비카의 원산지는 에티오피아, 로부스타의 원산지는 콩고이다.
③ 향과 맛이 뛰어나며 카페인 함량도 절반 정도인 품종은 아라비카이다.
④ 아라비카는 자가수분, 로부스타는 타가수분에 의해 번식한다.

15 ④

① 커피 열매 껍질 안쪽에 과육이 있고, 그 아쪽으로 점액질, 파치먼트, 실버 스킨, 생두 순으로 구성되어 있다.
② 커피 열매 씨앗은 형태학적으로 핵과이다.
③ 커피 열매는 녹색, 노란색, 주황색, 빨간색으로 익는다.

16 ④

커피 빈은 일반적으로 2개가 들어 있으며, 서로 마주 보는 면은 평평해서 플랫 빈(Flat Bean), 평두라고 부른다.

17 ①

티피카(Typica)에 대한 설명이다. 티피카는 향미가 은은하며, 부드러운 산미와 깔끔하고 섬세한 맛의 특징이 있다.

18 ③

피베리는 커피 체리 안에 1개의 생두만 들어 있는 경우이다. 과거에는 유전적인 결함 등으로 인식해서 결점두로 분류하기도 하였지만, 현재는 결점두로 포함하지 않고, 오히려 단맛이 더 우수해 고가에 거래되기도 한다.

19 ①

문도 노보(Mundo Novo)종은 1943년 브라질에서 발견된 버번종과 티피카 계열 수마트라종과의 자연 교배종이다.

20 ④

카투아이(Catuai)종에 대한 설명이다. 문도 노보와 카투라의 인공교배종으로 1949년에 개발된 브라질의 주력 품종이다. 병충해와 강풍, 홍수, 가뭄에 강한 장점이 있지만, 향미의 큰 특징 없이 무난한 맛을 낸다.

21 ②

카티모르(Catimor) 품종에 대한 설명이다.

22 ①

커피나무는 직사광선이 닿지 않는 완만한 곳에서 잘 자라며, 커피나무에 닿는 강한 햇빛을 막기 위해 셰이드 트리(Shade Tree)를 심기도 한다. 햇빛이 강하면 커피나무가 쉽게 시든다.

23 ③

몬순 커피는 산미가 약하고, 강한 바디감이 느껴지는 특징이 있다.

24 ③

지속 가능 커피(Sustainable Coffee)에 대한 설명이다. 공정무역 커피(Fair-Trade Coffee), 유기농 커피(Organic Coffee), 조류 친화적 커피(Bird-Friendly Coffee), 열대우림 커피(Rainforest Coffee) 등이 여기에 포함된다.

25 ①

커피나무의 개화는 나무를 심고 나서 2~3년 정도부터 시작되고, 커피 열매 수확은 보통 3년 후부터 가능하다.

26 ②

건식법(Dry Method, Natural Process)에 대한 설명이다.

27 ④

습식법은 24시간 내외로 자연 발효를 하고, 아세트산이 생성되어 pH4의 약산성이 된다.

28 ④

①~③은 기계 수확(Mechanical Picking)에 대한 설명이고, 기계 가격은 커피 원가에 큰 영향을 주지 않는다.

29 ②

펄프드 내추럴 방식(Pulped Natural Method)은 수조에 담가 덜 익은 커피 체리, 이물질 등을 걸러낸 후에 과육을 벗겨 내고 점액질이 붙은 상태의 파치먼트를 자연 건조시키는 방식이다. 2000년대부터 브라질에서 시작하여 다른 국가에서도 종종 사용하는데, 내추럴 방식에 비해 덜 익거나 상한 체리가 섞이는 것을 줄여 고품질 커피를 기대할 수 있다.
① 세미 워시드(Semi Washed) 방식이다.
④ 로부스타 생산 국가에서 많이 이용하는 방식은 건식법이다.

30 ②

화학 약품을 사용하지 않아 안전하게 99% 이상의 카페인을 제거할 수 있어 가장 널리 사용하는 카페인 제거 방법은 물 추출법이다.

31 ③

스크린 사이즈로 No.13 이하부터 피베리(Peaberry)로 분류한다.

32 ③

과테말라, 온두라스, 코스타리카는 재배 고도에 따라 생두를 분류하고, 콜롬비아는 커피 생두 크기(스크린 사이즈)로 등급을 분류한다.

33 ①

① 인도네시아 만델링 G1은 결점두에 따른 분류이다.
② 하와이 코나 Extra Fancy는 생두 사이즈에 따라 분류하는 커피이다.
④ 케냐 니에리 AA는 생두 사이즈에 따라 분류하는 커피이다.
③ 코스타리카 타라주 SHB는 재배 고도에 따른 분류 표기법이다.

34 ①

'Brazil Santos NY2 FC 17/18 Pulped Natural Catuai'
'Santos'는 재배 농장이 아니라 수출 항구 이름이다. FC는 Fine Cup(커피 가공과정 중 발효도에 따른 향미 등급), 카투아이(Catuai)는 아라비카 생두의 품종을 의미한다.

35 ④

에티오피아에 대한 설명이다.

36 ①

말라바(Malabar)는 몬순 커피로 유명한 인도(India)의 커피 생산 지역이다. 인도네시아의 대표적인 커피 생산지로는 수마트라(Sumatra), 슬라웨시(Sulawesi), 자바(Java), 발리(Bali) 등이 있다.

37 ②

코스타리카(Costa Rica)는 로부스타 재배가 불법이다.

38 ④

로스팅은 흡열 반응, 발열 반응, 냉각 단계로 이루어진다. 수분 건조는 흡열 반응 초기에 일어난다.

39 ②

로스팅 시 물리적 변화
수분이 가장 많이 감소하고, 무게 감소 조직이 팽창하면서 부피 증가, 밀도는 감소하며, 갈변 반응이 일어난다.

40 ③

2차 크랙은 이산화탄소의 방출로 인해 발생하며 이때의 파열음은 1차 크랙에 비해 작은 소리가 난다.

41 ②

블렌딩(Blending)에 대한 설명이다. 블렌딩은 여러 품종과 산지의 원두를 섞어서 새로운 향미를 만들 수 있다. 대부분의 카페, 로스터에서 차별화된 커피를 추구하고 원가 절감 등을 위해서 선택하고 있는 방식이다.

42 ②

과소 추출이 일어난 상황이다. 과소 추출의 원인으로는 높은 추출 압력, 굵은 분쇄도, 낮은 추출 온도, 적은 원두 양 투입, 약한 탬핑 강도 등이 있다.

43 ④

분쇄 입자가 달라지면 물과 만나는 접촉 면적이 달라지므로 커피 맛, 향미에 큰 차이가 나타난다.

44 ④

융 드립, 에스프레소 머신, 모카포트는 여과식 추출 방식이다. 사이펀은 상부 로드와 하부 사이에 필터를 사용하기는 하지만, 상부 플라스크 내에서 커피 가루와 물이 만나 일정 시간 우려내면서 커피가 추출되는 침출식 방식이다.

45 ②

케멕스(Chemex) 추출 기구에 대한 설명이다.

46 ①

바리스타(Barista)에 대한 설명이다.

47 ①

아로마(Aroma)는 향을 맡는 단계에 따른 분류 중에서 물에 젖은 커피 향기(또는 추출 커피 향기)이며, Fruity, Herbal, Nut-Like 등을 느낄 수 있다.

48 ④

카페인은 열에 비교적 안정적이어서 로스팅 정도에 따라 큰 차이가 없다.

49 ③

생두(Green Bean)에는 탄수화물 성분이 50% 이상으로 가장 많이 포함되어 있고, 그중 가용성 성분인 당분은 10%, 섬유소 외의 성분이 50% 정도를 차지한다. 지방과 단백질 성분은 각 13%씩, 무기질은 약 4% 정도를 함유한다.

50 ④

원두는 추출 직전에 분쇄하는 것이 좋으며, 냉장고의 습기 및 음식물 등 기타 재료 냄새를 흡수할 수 있기 때문에 냉장, 냉동 보관이 좋은 방법은 아니다. 하지만 많은 양일 경우 원두 상태로 소분하고 진공 압축 포장하여 공기를 제거한 후 냉동 보관할 수도 있다.

01 ②	02 ②	03 ③	04 ④	05 ②
06 ④	07 ①	08 ③	09 ①	10 ③
11 ④	12 ④	13 ②	14 ④	15 ①
16 ③	17 ①	18 ③	19 ④	20 ②
21 ①	22 ②	23 ③	24 ③	25 ③
26 ②	27 ④	28 ①	29 ④	30 ①
31 ②	32 ④	33 ①	34 ②	35 ④
36 ④	37 ③	38 ④	39 ②	40 ③
41 ③	42 ①	43 ①	44 ④	45 ④
46 ①	47 ②	48 ③	49 ④	50 ②

01 ②

스테노필라(Stenophylla) 품종은 1834년 서아프리카 시에라리온에서 처음 발견되었으며 커피 체리가 검은색이다. 아라비카에 비해 병충해, 서리에 강하고 향도 우수하다는 평가를 받았으나 낮은 경제성, 긴 성숙 기간, 심각한 병충해 등으로 인해 차차 사라져서 멸종된 것으로 알려졌다가 2018년에 서아프리카에서 야생 군락지가 발견되었다. 기후변화로 인해 아라비카의 재배가 위협을 받고 있는 와중에 스테노필라종의 재발견은 크게 주목을 받고 있다.

02 ②

에티오피아에서 처음 발견된 커피나무는 6세기경 예멘으로 옮겨져서 경작이 시작되었고, 16세기까지 독점적으로 커피를 생산하다가 1600년경 베니스의 상인들에 의해 이탈리아 베니스에 처음으로 커피가 전파되었다.

03 ③

커피의 기원설은 칼디의 전설, 오마르의 전설, 모하메드의 전설 등이 알려져 있는데, 그중 모하메드의 전설로 알려진 이야기에 대한 내용이다.

04 ④

튀르키예는 지정학적으로 커피 벨트에 속하지 않는다. 최초의 커피 추출 도구인 체즈베 등 유네스코 세계 무형문화유산으로 지정된 튀르키예식 커피 문화를 가지고 있지만, 커피를 생산하는 나라는 아니다. 1517년 오스만튀르크(현 튀르키예) 수도인 콘스탄티노플에 커피하우스가 오픈되었다.

05 ②

영국은 1650년 옥스퍼드에 최초로 커피하우스가 등장했다. 1730년까지 수천 개의 커피하우스가 생길 정도로 성행하였으나, 1730년 이후 홍차의 등장으로 커피에 대한 소비가 급속도로 줄어들었다.

06 ④

일제강점기에 소수만이 접할 수 있었던 커피는 1950년 한국전쟁 이후 미군에 의해 들어온 인스턴트 커피가 시중에 퍼지게 되면서 일반인들도 커피를 쉽게 마실 수 있게 되었다. 2000년 이전까지 국내 커피 시장은 인스턴트 커피가 주를 이루었고, 원두커피는 1998년 들어온 스타벅스 이후로 프랜차이즈 커피 시장이 발전하면서 활발히 소비되기 시작하였다.

07 ①

아라비카(Arabica)에 대한 설명이다.

08 ③

코닐론(Conillon)은 브라질에서 생산되는 로부스타 품종이다.

09 ①

커피 생두의 표면을 덮고 있는 얇은 껍질은 실버 스킨이라고 하고, 생두의 가운데 파인 홈은 센터 컷이라고 부른다.

10 ③

HdT(Hibrido de Timor)에 대한 설명이다. 아라부스타(Arabusta)종은 아라비카와 로부스타의 인공교배 품종으로 아라비카의 부드러운 맛과 향과 로부스타의 높은 생산량, 병충해에 강한 점만을 모아서 만들어졌다.

11 ④

1935년 케냐의 커피 연구소인 스콧 레버러토리에서 재배하여 케냐의 주력 품종이 된 품종으로는 SL28, SL34가 있다.

12 ④

④은 아라비카종의 특징이다. 로부스타는 타가수분에 의해 수정되며, 구수하고 쓴맛이 특징이다.

13 ②

커피의 생육에 가장 치명적인 영향을 끼치는 기후적인 요소는 서리이며, 생두를 보관할 때는 습도를 가장 중요하게 관리한다. 또한 로스팅을 하고 나서 원두 보관 시에는 산소가 커피의 산패를 가속시키는 주요 요인이 된다.

14 ④

- **테라로사(Terra Rossa)** : 석회암의 풍화작용으로 형성된 저색 토양
- **테라록사(Terra Roxa)** : 현무암과 휘록암이 풍화된 자색 토양
- **라테라이트(Laterite)** : 열대지방이나 온난 다습한 사바나 기후 지방의 적색 풍화토
- **레구르 토(Regur Soils)** : 현무암이 풍화된 다공질의 흑색 토양

15 ①

강한 바람은 나뭇잎을 떨어트리거나 나무를 쓰러뜨릴 수 있어서 커피 재배에는 온화한 바람이 유리하다.

16 ③

① 커피의 번식은 파치먼트가 있는 상태에서 심는 것이 가장 발아율이 높다.
② 묘판에 심어 50cm 정도의 묘목이 되면 커피 밭에 옮겨다 심는다.
③ 직파법은 잘 사용하지 않는 번식법이다.

17 ①

헤이즐넛 커피(Hazelnut Coffee)는 주로 올드 크롭에 개암나무 열매인 개암, 즉 헤이즐넛 향을 입힌 가향 커피이다.

18 ③

생두 건조가 끝난 후 공정 중에서 실버 스킨을 제거하는 폴리싱(Polishing)에 대한 설명이다.

19 ④

뉴 크롭(New Crop)이 가장 향미 성분이 많고, 커피 품질도 우수한 편이다.

20 ②

습식법은 과육을 먼저 벗긴 후 수조에 담가 발효 과정을 거치면서 점액질을 벗기는 가공법으로 이 점액질을 세척하면서 수질오염 등 환경문제가 많이 발생하는 가공법이다. 세미 워시드는 과육과 점액질을 제거한 후 발효 공정을 거치지 않고, 건조하는 데 물을 적게 사용하기 때문에 효율성 및 환경 보호 측면의 장점이 많아 전 세계적으로 확대되고 있는 가공 방식이다.

21 ①

세계적으로 생두의 등급을 분류하는 기준은 통일되어 있지 않지만 주로 크기, 재배 고도(밀도), 결점두에 따라 분류하며, 생두의 무게로는 등급을 분류하지 않는다.

22 ①

브라질, 인도네시아, 에티오피아는 결점두에 따라 생두 분류를 하며, 콜롬비아는 생두 크기에 따라 분류를 하는 대표적인 국가이다.

23 ③

코스타리카에서 로부스타 재배는 불법이다.

24 ③

SCA 분류에서 스페셜티 등급은 프라이머리 디펙트(Primary Defect)를 허용하지 않는다.

25 ③

세계 지도에서 적도를 기준으로 북위 25°와 남위 25° 사이에 커피 생산지들이 위치해 있기 때문에 이를 커피 벨트 또는 커피 존이라고 부른다.

26 ②

커피 생산국 중 예멘(Yemen)에 대한 설명이다.

27 ④

동물의 배설물 커피로는 사향고양이의 배설물을 이용한 인도네시아의 코피 루왁(Kopi Luwak), 베트남의 다람쥐 똥 커피인 콘삭 커피(Consoc Coffee), 베트남과 라오스의 족제비 똥 커피인 위즐 커피(Weasel Coffee), 태국의 코끼리 똥 커피인 블랙 아이보리 커피(Black Ivory Coffee) 등이 있다.

28 ①

2019–2020 세계 커피 소비 지수에 따르면, 브라질은 유럽과 미국에 이어 소비량이 3위를 차지할 정도로 생산 국가로는 드물게 소비도 많은 나라이다.

29 ④

로스팅 과정은 건조 → 열분해 → 냉각 순으로 진행된다.

30 ①

로스팅 열전달 방식 중에서 전도에 대한 내용이다.

31 ②

생두 상태의 주름은 로스팅이 진행됨에 따라 주름이 점점 펴지고 팽창하면서 부피가 증가한다.

32 ②

로스팅 단계별 분류에서 일본식으로는 명도값(L)에 따라 8단계 분류를 하는데, 명도값이 낮아지고(어두워지고) 로스팅이 점점 진행되는 정도에 따라 Light, Cinnamon, Medium, High, City, Full City, French, Italian으로 표기한다.

33 ①

약 12% 정도였던 생두의 수분함량은 로스팅 후에 1% 정도로 가장 많이 감소한다.

34 ②

로스팅 시 일어나는 갈변 반응 중에서 마이야르 반응(Maillard Reaction)에 대한 설명이다.

35 ④

지질과 카페인은 로스팅 진행 과정에서 일부 소실되기는 하지만, 열에 비교적 안정적이어서 성분 비율은 로스팅 전후로 크게 변화하지 않는다.

36 ④

커피 성분 중 탄수화물에 대한 설명이다.

37 ③

샘플러(Sampler)에 대한 내용이다.

38 ④

디벨롭 타임(Develop Time) 또는 디벨롭먼트 타임(Develop–ment Time)이라고 한다.

39 ②

포터필터(Portafilter)는 에스프레소 머신에서 그룹 헤드에 장착하여 커피를 추출하는 구성 부품이다.

40 ③

하리오 드리퍼에 대한 설명이다.

41 ③

핀(Phin)은 베트남에서 흔히 사용되는 커피 추출 도구이다. 곱게 분쇄된 커피 가루를 용기에 넣고 구멍이 뚫려 있는 스트레이너로 평평하게 한 뒤에 뜨거운 물을 스트레이너가 살짝 잠길 정도로 부어 뜸을 들이고 물을 채운 후 뚜껑을 닫고 천천히 추출되도록 기다린다. 베트남에서는 미리 연유를 부어 놓고 핀으로 추출된 커피와 섞어 달콤한 커피로 즐기는데, 이는 로부스타의 쓴맛을 줄이고 부드럽고 달콤하게 즐기기 위함이다.

42 ①

에스프레소의 추출 속도에 영향을 미치는 변수들은 분쇄도, 추출 압력, 온도, 원두의 양, 탬핑 압력 등이 있다. 탬퍼의 재질은 추출 속도와는 관계가 없다.

43 ①

포터필터를 장착하기 전에 추출 버튼을 먼저 눌러서 퍼징을 하는 건 샤워 스크린에 묻어 있는 커피 찌꺼기를 씻기 위함과 과열되어 있을 수 있는 열수를 미리 빼 추출 온도를 유지하기 위한 목적이다.

44 ④

도피오(Doppio)에 대한 내용이며, 추출 시간은 동일하게 해서 에스프레소 투 샷을 한 잔에 제공하는 것이다. 추출 시간과 양을 늘려서 추출하는 음료는 룽고(Lungo)라고 한다.

45 ④

우유의 단백질은 80%가 카세인(Casein)이며, 카세인은 칼슘, 인, 구연산 등과 결합한 형태로 존재하고, 치즈를 만들 때 두부처럼 응고되는 성질이 있다.

46 ①

스티밍할 때 차가운 우유를 사용하지 않고 미지근한 우유를 사용하면 온도가 빠르게 상승해서 스티밍 시간을 충분히 가져갈 수가 없다.

47 ②

마시고 난 후 입 뒤쪽에서 느껴지는 향기는 애프터테이스트(Aftertaste)라고 하고, 주로 향신료 향 (Spicy)과 송진 향 (Turpeny)을 느낄 수 있다.

48 ③

커피에서 느껴지는 점도와 미끈함을 바디라고 하는데 커피의 지방 함량과 고형 성분의 양에 따라 입안의 말초신경에 의해 다르게 느껴진다.

49 ④

카페인은 부교감 신경을 자극하고, 심근의 직접적인 수축력을 증가시켜 심박수를 빠르게 한다.

50 ②

원두는 사용하지 않을 경우에는 산소, 햇빛, 습도가 차단될 수 있는 밀폐 용기에 담아 보관하여야 한다. 그라인더 호퍼에는 당일 사용할 원두의 양만을 담아서 사용하는 것이 좋다.

01 ①	**02** ①	**03** ④	**04** ④	**05** ④
06 ①	**07** ②	**08** ②	**09** ②	**10** ③
11 ④	**12** ③	**13** ③	**14** ②	**15** ①
16 ③	**17** ④	**18** ①	**19** ①	**20** ④
21 ③	**22** ③	**23** ②	**24** ④	**25** ②
26 ②	**27** ①	**28** ④	**29** ②	**30** ③
31 ①	**32** ④	**33** ①	**34** ②	**35** ④
36 ③	**37** ③	**38** ③	**39** ④	**40** ④
41 ②	**42** ②	**43** ③	**44** ①	**45** ①
46 ④	**47** ②	**48** ③	**49** ①	**50** ③

01 ①

커피는 열매나 잎을 단순히 씹거나 열매와 잎을 뜨거운 물로 우려서 주로 약용이나 식용으로만 소비하였다. 지금처럼 음료로 즐기기 시작한 것은 16세기 정도로 추정된다.

02 ①

커피와 관련된 최초의 기록을 남긴 9세기의 아라비아 의학자 라제스(Rhazes)는 자신의 문헌에서 '분춤(Bunchum 또는 Bunca)'으로 커피를 소개하였다.

03 ④

1683년 오스만튀르크가 오스트리아 수도 비엔나를 포위했을 당시 폴란드인 게오르그 콜쉬츠키(Franz Georg Kolschitzky)가 비엔나를 구하고 그 대가로 명예와 커피를 하사받았으며, 비엔나 최초의 커피 노점을 열었다.

04 ④

1616년 네덜란드의 한 상인이 커피나무를 예멘 모카에서 몰래 빼내어 암스테르담 식물원에서 재배하다가 1658년 실론과 1696년 인도네시아 자바섬에서 재배하기 시작하였다.

05 ④

스웨덴의 생물학자였던 칼 폰 린네(Carl von Linne, 1753년)에 대한 설명이다.

06 ①

독일의 작곡가인 요한 세바스찬 바흐(J.S Bach)가 활동하던 시기에 커피를 마시는 것이 유행했고, 수많은 커피하우스들이 독일에 생겨나기 시작했다. 1732년 발표한 커피 칸타타는 커피 애호가이기도 했던 바흐의 커피 사랑을 엿볼 수 있음과 동시에 커피를 광고하는 음악이기도 했다.

07 ②

3대 원종 중에서 리베리카(Liberica)에 대한 설명이다.

08 ②

아라비카는 800~2,000m의 고지대에서, 로부스타는 800m 이하의 비교적 저지대에서 재배한다.

09 ②

파카스(Pacas) 품종에 대한 설명이다.

10 ③

미국은 16세기 처음 커피가 들어왔으나 영국의 영향으로 주로 차를 마셨다. 그러나 영국이 파산 위기에 있던 동인도 회사에 차 수출 독점권을 줌으로써 미국의 수입상들은 파산하는 지경에 이르렀고, 1773년 원주민 복장으로 위장하여 보스턴 항에 정박해 있던 배에 불을 지르고 홍차 상자를 바다에 버린 사건이 보스턴 차 사건이다. 이 사건은 미국 독립 전쟁의 단초가 되기도 하였으며 미국 내에서 커피 소비로의 전환점이 되기도 하였다.

11 ④

일반적으로 커피 체리는 다 익었을 때 빨간색을 띠지만, 일부 품종에 한해 노란색, 분홍색으로 익는 경우도 있다. 또한 커피 체리 수확은 보통 1년에 1번이지만, 우기와 건기가 뚜렷하게 구분되지 않는 나라(콜롬비아, 케냐 등)에서는 1년에 2번 수확이 가능하다.

12 ③

③은 습식법의 특징이다.

13 ③

①, ②, ④은 건식법에 대한 설명이다.

14 ②

커피 체리 100kg을 수확하여 가공 과정을 거쳐 얻게 되는 생두의 무게는 내추럴, 워시드 모두 20kg 정도이다.

15 ①

커피의 원산지인 에티오피아는 열악한 시설과 자본 부족으로 전통적으로 건식법으로 커피를 가공해 오다가 1972년 이후 습식법을 도입하여 현재는 70% 정도는 건식법, 30% 정도는 습식법으로 커피를 가공하고 있다. 정부에서는 커피 품질 향상을 위해 습식 가공법을 장려하고 투자가 늘어나고 있다.

16 ③

생산된 커피를 등급을 분류한 후에 포장을 하는데, 국제 커피기구(ICO)에서 정한 기준 단위는 1bag당 60kg이다. 하지만 일부 생산 국가마다 다르게 사용하기도 하는데 대표적으로 콜롬비아는 1bag당 70kg으로 포장한다.

17 ④

1819년 최초로 독일의 화학자 룽게(Friedrich Ferdinand Runge)가 커피에서 카페인을 분리하였고, 1903년 독일의 로셀리우스(Ludwig Roselius)가 상업적 카페인 제거 기술을 개발하여 디카페인 커피가 탄생하였다. 디카페인 커피 제조법은 용매 추출법, 물 추출법, 초임계 추출법을 사용하고 최근에는 99.9%까지 카페인을 제거한다. 디카페인 공정을 거쳤다 해도 향미는 약 2% 정도만 손실되어 큰 차이를 보이지 않는다.

18 ①

케냐는 AA, A, B, C, PB, 콜롬비아는 Supremo, Excelso, 하와이는 Extra Fancy, Fancy 순으로 분류한다.

19 ①

스크린 사이즈 1은 1/64인치로 약 0.4mm이다. 스크린 사이즈 18은 0.4mm×18로 약 7.2mm이다.

20 ④

베트남, 인도네시아, 에티오피아는 결점두에 따른 분류를 하며, G1~G6로 표기하고, 탄자니아는 스크린 사이즈에 따라 AA, A, B… 로 표기한다.

21 ③

SCA 결점두 분류에서 '블랙 빈'은 수확이 늦었거나 흙과 접촉하여 발효되어 발생하고, 콩 전체가 검은색인 '풀 블랙 빈', 콩의 절반 미만이 검은색인 '파셜 블랙 빈'으로 나뉜다.
① 사우어 빈
② 드라이 체리
④ 이머처/언라이프

22 ③

포린 매터(Foreign Matter)는 향미에 크게 영향을 끼치는 결점두인 프라이머리 디펙트에 해당하며, 이물질(작은 돌, 나뭇잎, 나무 조각 등)을 말한다.

23 ②

에티오피아는 아라비카만을 재배한다.

24 ④

④은 인도네시아 커피에 대한 내용이다.

25 ②

코스타리카에선 로부스타 재배가 불법이다.

26 ②

디리주는 코스타리키, 킬리만자로는 탄자니아, 시다모는 에티오피아의 주요 커피 재배 지역이다.

27 ①

떼루아(Terroir)에 대한 설명이다.

28 ④

로스팅 과정에서 커피는 갈변화로 색깔이 변하며, 무게, 밀도, 수분은 감소하고, 반면 부피와 가용성 성분, 휘발성 성분은 증가한다.

29 ②

로스팅에서 1차 크랙은 수분의 기화에 의해서, 2차 크랙은 이산화탄소 생성에 의한 팽창으로 일어난다.

30 ③

SCA 로스팅 단계는 #95~#25까지 9단계 분류를 하며, 숫자가 낮을수록 로스팅이 더 진행된 다크 로스팅이다. ⓒ Medium 로스팅은 #55, ⓔ Light Medium 로스팅은 #65에 해당한다.

31 ①

갈변 반응 중의 하나인 캐러멜화(Caramelization)에 대한 설명이다.

32 ④

로스팅의 변수 중에는 생두의 밀도, 생두의 수분함량, 결점두 등이 있는데, 수분함량 자체만으로만 본다면, 생두의 수분함량이 많을수록 온도가 천천히 올라가 로스팅 속도가 느려진다.

33 ①

로스팅이 너무 오래 진행되면 생두가 까맣게 타버리고 과열되어 자연발화로 화재가 발생할 수 있다.

34 ②

열풍식 로스팅 머신은 열에 의해 생성된 열풍이 드럼 내부로 전달되어 대류로 인하여 로스팅이 주로 이루어지는 방식이다. 간접적으로 열전도 방식도 일부 같이 이루어진다.

35 ④

추출이란 분쇄된 커피 입자가 물을 만나 접촉하여 커피가 가진 고형 성분(가용성)을 녹여 내어 분리한 후 음료화하는 것을 말한다.

36 ③

난류(Turbulence)에 대한 설명이다.

37 ③

블레이드 커터는 칼날형으로 충격식으로 분쇄하는 그라인더 날의 형태로 균일한 분쇄가 어려운 단점이 있다. 중저가형 가정용 커피 그라인더에서 많이 볼 수 있는 방식이다.

38 ③

커피 추출에는 일반적으로 50~100ppm의 무기물이 함유된 물이 가장 적합하다.

39 ④

여과(투과)식 추출 방식에는 페이퍼 드립, 커피 메이커, 모카포트, 케멕스, 더치, 에스프레소 머신 등이 있으며, 침출(물을 붓고 일정 시간 우려내는 방식)식에는 체즈베, 프렌치 프레스, 사이펀 등이 있다.

40 ④

• 추출 수율 : 커피의 가용 성분 중에서 실제로 커피에 추출된 비율, 즉 사용한 원두 양에서 뽑아낸 커피 고형 성분의 비율을 의미한다.

• 추출 농도(TDS, Total Dissolved Solids) : 추출된 커피 안에 녹아 있는 커피 성분의 양. 뽑아낸 커피 성분이 물과 섞여 있는 비율이다.

41 ②

라이트 로스트에 비해 다크 로스트 원두가 오일이 흘러나와 있고 더 다공질 상태여서 산패가 빨리 진행된다.

42 ②

에스프레소는 고온의 물을 고압을 이용하여 통과시켜 커피를 추출하는데 이 과정 중에 수용성 성분 외에 비수용성 성분인 오일 성분이 거품 형태의 크레마로 함께 추출된다.

43 ③

원두를 담고 포터필터를 장착한 후에는 신속하게 잔을 내리고 추출을 시작하는 것이 좋다. 왜냐하면 샤워 스크린 물기로 인해 원두 가루가 바로 물과 접촉하기 때문이며, 고온을 유지하고 있는 그룹 헤드의 열기로 인해 커피 추출에 영향을 주기 때문이다.

44 ①

과다 추출은 분쇄도가 가늘수록, 탬핑 강도가 너무 강할 경우, 원두 투입량이 많을 경우, 추출 온도가 높을 경우, 추출 압력이 낮은 경우, 추출 시간이 길수록, 필터 구멍이 막혀 있는 경우에 일어난다.

45 ①

원두가 담긴 커피 그라인더 호퍼는 시간이 지날수록 원두의 커피 오일이 밖으로 흘러나와 호퍼를 오염시켜 변색시키고, 쩐 냄새가 배게 된다. 그라인더를 사용하지 않는 경우 호퍼 안의 원두는 밀폐 용기에 옮겨 보관하고, 호퍼는 주기적으로 청소해야 한다.

46 ④

우유의 성분 중 유당에 대한 설명이다. 유당의 분해와 흡수가 잘 되지 않아 통증을 유발하는 경우 이를 유당불내증이라고 한다.

47 ②

향을 맡는 단계에 따른 분류에서 분쇄된 커피 가루에서 느껴지는 향기를 프래그런스(Fragrance), 커피 가루가 물에 젖어 있는 상태 또는 추출된 커피에서 느껴지는 커피 향기를 아로마(Aroma), 마실 때 느껴지는 향기를 노즈(Nose), 마지막으로 마시고 난 뒤 입 뒤쪽에서 느껴지는 향기를 애프터테이스트(Aftertaste)라고 한다.

48 ③

커피를 많이 마시면 소변에서 칼슘 배설을 촉진시키기 때문에 과다 섭취할 경우 폐경기 여성에게서 골다공증의 위험성이 증가한다.

49 ①

식재료 관리는 냉장고에 보관 시에는 5℃ 이하, 냉동고는 -18℃ 이하 온도 유지를 해야 하며, 식품 보관은 일반적으로 온도 15~25℃, 습도 65~75℃를 유지한다.

50 ③

고객들과의 친밀감을 높이기 위해 대화를 할 수도 있지만 상황을 봐야 하며 적극적으로 끼어드는 행위는 바람직하지 않다.

01 ④	02 ②	03 ②	04 ①	05 ③
06 ①	07 ④	08 ③	09 ②	10 ④
11 ①	12 ①	13 ④	14 ③	15 ④
16 ③	17 ②	18 ①	19 ④	20 ①
21 ②	22 ④	23 ②	24 ③	25 ③
26 ④	27 ①	28 ②	29 ①	30 ④
31 ③	32 ②	33 ①	34 ④	35 ④
36 ②	37 ①	38 ①	39 ④	40 ②
41 ②	42 ②	43 ④	44 ④	45 ①
46 ①	47 ③	48 ②	49 ③	50 ②

01 ④

커피나무는 AD 600~800년경 에티오피아에서 처음 발견된 것으로 알려져 있고, 6세기경 예멘에서 본격적으로 경작을 시작하게 되었다.

02 ②

커피 체리(Coffee Cherry)를 말한다. 커피 체리는 바깥쪽부터 외과피(Outer Skin), 과육(Pulp), 점액질(Mucilage), 내과피(Parchment), 은피(Silver Skin), 생두(Green Bean)로 되어 있다.

03 ②

커피의 3대 원종은 아라비카(Coffea Arabica), 카네포라(Coffea Canephora), 리베리카(Coffea Liberica)로 나누어진다. 버번(Bourbon)은 아라비카의 하위 품종 중의 하나이다.

04 ①

스테노필라(Stenophylla)에 대한 설명이다.

05 ③

일부 품종의 커피 체리는 성숙했을 때 노란색, 분홍색을 띄기도 한다.

06 ①

커피 체리의 구조는 바깥쪽부터 외과피(Outer Skin), 과육(Pulp), 점액질(Mucilage), 내과피(Parchment), 은피(Silver Skin), 생두(Green Bean)으로 되어 있다.

07 ④

아라비카종은 자가수분을 통해 번식하고, 염색체는 44개이다. 센터 컷은 주로 S자 형태를 보인다.

08 ③

1686년 파리에 최초로 생긴 커피하우스는 '카페 르 프로코프(Café Le Procope)'이다.

09 ②

이슬람권에서 다른 나라로의 커피 종자 유출을 엄격히 제한하던 당시에 인도 이슬람교 승려 바바 부단(Baba Budan)이 예멘 모카에서 커피 종자를 밀반출하여 인도 남부에 심어 재배한 것을 계기로 커피 산지가 확대되기 시작한다. 또한 유럽의 제국주의 당시 1616년 네덜란드 상인이 커피나무를 몰래 들여와 암스테르담 식물원에 이식하였으며, 커피 재배에 야심이 있었던 네덜란드는 자국의 식민지인 인도네시아 자바(Java)섬과 실론(Ceylon, 현 스리랑카)섬 등에 커피 농장을 만들어 이후 한동안 커피 생산과 무역을 주도하였다.

10 ④

① 생산량은 아라비카종이 60% 이상, 로부스타종이 30~40%를 차지한다.
② 카페인 함량은 로부스타종이 2배가량 많다.
③ 아라비카종이 자가수분한다.

11 ①

1896년 아관파천 당시에 러시아 공사관에 머물던 고종황제는 커피를 접하게 되었다고 알려져 있다.

12 ①

커피 파종은 파치먼트 상태에서 파종해야 가장 발아 확률이 높다.

13 ④

많은 커피 산지들이 화산지형과 관계가 깊은데, 유기물이 풍부한 화산성의 충적토가 좋기 때문이다. 용암과 화산재가 풍화된 토양은 부식이 잘 되며, 경작성과 배수성이 좋은 편이고, 뿌리가 쉽게 뻗을 수 있는 다공질 토양인 경우가 많다.

14 ③

마라고지페(Maragogype) 품종에 대한 설명이다. 테키식(Tekisic)은 버번의 개량종으로 높은 생산성과 좋은 향미 품질로 인해 최근 엘살바도르와 과테말라의 주력 품종으로 자리 잡은 종이다.

15 ④

같은 품종이라 할지라도 생산 국가에 따라 수확 및 가공 방식, 기후 조건 등이 다르기 때문에 향미와 품질 등에서 차이를 보인다.

16 ③

병충해에 강한 품종을 개발하고 단위면적당 생산량을 늘리기 위해 품종 개량이 이루어진다.

17 ②

내추럴 가공법은 세척→선별→건조 과정을 거치며, 워시드 가공법은 세척→선별→펄핑→발효→세척→건조 과정을 거친다. 탈곡은 건조 후 파치먼트, 은피를 제거하는 것을 말한다.

18 ③

생두 표기법은 '국가 – 농장(또는 항구) – 등급'으로 주로 표기한다. 생두의 분류 기준은 나라별로 크기, 결점두, 재배 고도 등 다르게 분류한다. 케냐는 생두의 크기로 분류하는 나라이며, AA, A, B, C… 등으로 표기한다. SHB는 재배 고도에 따라 분류하는 표기이다.

19 ④

에티오피아 예가체프(Yirgacheffe) 커피는 맛과 향이 세련되고 화사하여 '커피의 귀부인'이라는 별명이 있다.

20 ①

동물이 커피 체리를 먹고 난 뒤 배설물로 나온 커피 생두를 씻어서 만드는 커피 종류들이 있는데, 대표적으로 사향고양이 루왁 커피, 족제비 위즐 커피, 다람쥐 콘삭 커피, 원숭이 몽키 커피, 코끼리 블랙 아이보리 커피가 있다. 헤이즐넛 커피는 헤이즐넛(개암나무 열매)의 향을 입힌 인공적인 가향 커피 중의 하나이다.

21 ②

디카페인 커피는 일반 커피에 비해 97~99%까지 카페인이 제거된다.

22 ④

블랙 빈(Black Bean)은 수확이 늦었거나 흙과 접촉하여 발효된 결점두로 콩의 일부 또는 전체가 검은색이다. 쉘(Shell)은 유전적인 원인으로 발생하며, 조개껍데기같이 바깥쪽 껍데기만 남아 있는 형태를 가진 결점두이다.

23 ②

건식법에 대한 설명이다.

24 ③

에티오피아는 주로 해발 1,500m 이상의 고지대에서 아라비카종을 재배 및 생산한다.

25 ③

코스타리카는 법적으로 로부스타 재배가 금지되어 있다.

26 ④

온두라스, 과테말라, 코스타리카, 멕시코 등은 재배 고도에 따른 등급 분류를 하며, 콜롬비아는 생두 사이즈에 따라 분류를 하는 대표적인 나라이다.

27 ①

지속 가능 커피(Sustainable Coffee)에 대한 설명으로, 공정무역 커피(Fair-Trade Coffee), 유기농 커피(Organic Coffee), 조류 친화적 커피(Bird-Friendly Coffee), 열대 우림 커피(Rainforest Coffee) 등을 모두 포함하는 개념을 말한다.

28 ②

로스팅 중 열분해 과정에서는 밀도, 수분, 무게의 감소, 부피와 가용성 성분, 향미를 나타내는 휘발성 성분은 증가한다.

29 ①

로스팅 과정에서 가장 많이 발생하는 가스 성분은 이산화탄소이며, 로스팅이 끝난 원두는 다공질 구조 속에 이산화탄소가 차 있어서 어느 정도 가스가 배출되는 숙성 기간이 필요하다.

30 ④

로스팅 진행에 따라 원두의 색깔은 녹색 → 노란색 → 계피색 → 옅은 갈색 → 갈색 → 진한 갈색 → 검은색으로 변화한다.

31 ③

뉴 크롭(New Crop)일수록 수분함량이 많아서 로스터는 더 많은 열량이 필요하며, 그에 따라 로스팅 시간도 더 길어질 수 있다.

32 ②

로스팅을 하기 전에 로스터는 무엇보다 생두를 잘 이해하고 있어야한다. 기본적인 재료인 생두의 품종부터 시작해서, 수확 연도, 수분함량, 생두의 밀도, 결점두에 대한 이해와 피킹 정도를 잘 알고 있어야 하고, 로스팅 방향을 설정해서 그에 맞게끔 로스팅을 진행해야 한다.

33 ①

탄수화물, 지질은 아라비카종에 더 많이 있으며 클로로겐산, 카페인은 로부스타에 더 많다.

34 ④

카페인에 대한 설명이다.

35 ④

커피(원두 및 커피 음료)의 색깔은 로스팅 과정 중의 갈변 반응에 의해서 나타나는 것이다. 갈변 반응은 멜라노이딘이 형성되는 마이야르 반응, 캐러멜화, 클로로겐산에 의한 갈변 반응이 있다.

36 ②

지질(지방)에 대한 설명이다.

37 ①

커피에 함유된 무기질은 40% 정도로 가장 많은 칼륨(K)과 그밖에 인(P), 칼슘(Ca), 나트륨(Na), 망간(Mn) 등이 있다.

38 ①

생두에 포함된 당류 중에서 가장 많은 자당(Sucrose)는 로스팅 과정에서 갈변 반응을 통해 원두가 갈색을 띠게 하고, 플레이버와 아로마 물질을 형성하며 로스팅 후에는 대부분 소실된다.

39 ③

클로로겐산(Chlorogenic Acid)에 대한 설명이다.

40 ②

융 드립 또는 플란넬(Flannel) 드립 방식이다.

41 ②

페이퍼 드립, 에스프레소 머신, 케멕스는 여과식 추출에 해당하고, 체즈베는 침출식(달임식) 추출 방법이다.

42 ②

크레마를 생성하는 주요인은 에스프레소 머신의 추출 압력 때문이며, 크레마는 커피의 로스팅 정도, 신선도, 분쇄도, 원두의 양, 물 온도와 양, 추출 시간, 압력 등에 따라 차이가 난다. 예를 들어 로부스타가 아라비카보다 많이, 로스팅한 지 얼마 안 된 원두일수록 두껍게 생성된다.

43 ④

에스프레소 머신에 따라 다른 경우가 있지만, 일반적으로 보일러 안의 열수의 온도는 추출 온도보다 높게 설정되어 있다. 추출을 할 때는 찬물을 섞어 적정 온도(90~95℃)의 온도로 그룹 헤드에 열수를 공급한다. 메인 보일러의 온도가 낮을 경우에는 메인 보일러의 온도를 높게 세팅해야 한다.

44 ④

1947년 이탈리아의 아킬레 가찌아(Achille Gaggia)의 수동 스프링 레버가 달린 압축식 9기압 에스프레소 머신 발명으로 '크레마'가 처음 생성되었다.

45 ①

포터필터의 필터 홀더의 재질은 구리(동)로 되어 있다.

46 ①

연수기의 필터는 양이온 수지를 사용하는데 양이온 수지는 나트륨을 방출하고 칼슘과 마그네슘을 흡수해서 물을 부드럽게 만드는 역할을 한다. 그래서 소금(나트륨)을 넣으면 재생이 가능하다. 베이킹 소다는 커피 머신의 그룹 헤드 및 배수관을 청소할 때 커피의 찌든 때, 커피 오일을 제거하는 데 효과적이다.

47 ③

우유 거품을 만들 때 거품 형성에 가장 중요한 역할을 하는 우유의 성분은 단백질이다. 지방은 거품 유지력을 높인다.

48 ②

커피에서 신맛을 느끼게 하는 산(Acid)은 시트르산(Citric Acid, 구연산), 퀴닉산(Quinic Acid), 말산(Malic Acid, 사과산), 아세트산(Acetic Acid), 타타르산(Tartaric Acid) 등이 있다. 카페산은 커피의 쓴맛을 나타내는 성분이다.

49 ③

카페 샤케라토(Caffè Shakerato)에 대한 설명이다.

50 ②

아인슈페너(Einspanner)에 대한 설명이다.

01 ②

커피의 재료는 커피 체리 안에 들어 있는 생두(Green Bean)이며, 생두는 커피 열매의 씨앗이다.

02 ②

카스카라(Cascara)는 커피와 티의 중간 형태라고 할 수 있는데, 커피 열매의 외과피와 과육을 벗긴 후 분리하여 남겨진 껍질을 이용하여 차를 우려내듯이 만드는 음료이다. 과거에는 대부분 폐기물로 처리하거나 일부는 퇴비로 이용했고, 커피 산지에서는 커피의 비싼 가격 탓에 커피 노동자들이 커피 대신 카페인을 섭취하는 용도로 오랫동안 이어져 내려왔다. 최근 들어서는 친환경적인 인식과 비교적 낮은 카페인 함량, 수급이 쉽고 가격이 저렴한 덕분에 미국, 유럽, 남미 일부 국가에서 인기를 얻고 있다.

03 ④

커피 꽃의 개화부터 수확까지 소요 기간은 아라비카의 경우 8~9개월, 로부스타는 10~11개월로 로부스타종이 더 길다.

04 ④

커피나무는 아라비카의 경우 5~6m, 로부스타의 경우 10m 높이까지 자라지만, 그에 비해서 뿌리는 대부분 30cm 깊이에 분포해 있다.

05 ①

기후 및 병충해에 취약한 품종은 아라비카이며, 아라비카는 60~70%, 로부스타는 30~40% 정도가 생산된다.

06 ②

커피나무는 심고 2~3년이 지난 후에 갑작스러운 수분 스트레스와 기온의 하강에 의해 개화를 자극받는다. 우기가 시작되는 첫 번째 비를 블로섬 샤워(Blossom Shower)라고 하고, 보통 최소 강우량은 10mm 정도이다. 이후 5~12일 정도가 지나면 개화가 일어난다.

07 ①

칼디의 전설에 관한 내용이다.

08 ③

㉠ 1517년 ㉡ 1652년 ㉢ 1615년 ㉣ 1732년

09 ③

홀 빈(Whole Bean)은 분쇄하지 않은 상태의 원두(Roasted Bean)를 말한다.

10 ①

과거에는 피베리를 결함이 있는 콩이라 생각하였으나, 최근에는 오히려 단맛이 우수한 피베리만을 따로 골라내어 더 높은 가격에 유통된다.

11 ③

카투아이(Catuai)는 문도 노보와 카투라의 인공교배종으로 1949년에 개발된 브라질의 주력 품종이다. 병충해와 강풍, 홍수, 가뭄에 강한 장점이 있지만, 향미의 큰 특징 없이 무난한 맛을 낸다.

12 ②

셰이드 그로운(Shade Grown, 그늘 재배)에 대한 설명이다. 이때 심는 나무를 셰이드 트리(Shade Tree)라고 한다. 그늘 재배의 장점은 열매가 천천히 성장하여 커피 성분에 좋은 영향을 주며 큰 콩의 생산 비율이 증가하고, 낙엽이 지표면에 쌓여 잡초의 발생과 각종 해충의 발생을 억제하는 점이다. 단점으로는 셰이드 트리의 뿌리 때문에 물과 영양분을 커피나무와 경쟁하게 되며, 광합성 활동이 저하되고 새싹이 햇볕을 찾아 성장하기 때문에 마디 사이가 길어지고 수확량이 감소할 수 있다. 그늘 재배가 필요한 지역은 기온이 높고 강우량이 많거나 서리, 우박 등의 재해가 심한 지역, 바람이 강한 지역 등이다.

13 ①

CLR(Coffee Leaf Rust), 커피녹병에 대한 설명이다. CBD(Coffee Berry Disease)는 1922년 케냐에서 처음 발견된 탄저병에 걸려 체리가 썩어가는 병충해이다. CBB(Coffee Berry Borer)는 브로카(Broca)라고도 불리는 천공충이 커피 체리 안에 알을 낳아 구멍이 생긴 경우이다. CWD(Coffee Wilt Disease)는 커피 시들음병 또는 잎마름병이라고 하며, 바나나 등의 농작물에서 이 병을 일으키는 곰팡이로부터 유래된 것으로 알려져 있다.

14 ①

①은 건식법(Natural Process), ②, ③, ④은 습식법 (Washed Process)이다.

15 ④

커피 체리 또는 파치먼트를 자연 건조할 때에는 파티오 (Patio)라고 하는 시멘트나 콘크리트, 아스팔트, 타일로 된 바닥에 얇게 펼쳐 놓고 뒤집어 가면서 건조한다. 파티오 는 자갈, 모래 등 이물질이 섞이지 않도록 해야 한다.

16 ④

엘살바도르에 대한 설명이다.

17 ④

단일 지역으로만 보면 유럽이 가장 커피 소비량이 많다.

18 ②

기원전 7세기경 에티오피아 목동 칼디는 커피나무를 처음 발견하여 로스팅이 아닌 커피 기원설에 해당한다.

19 ①

열풍식 로스터는 뜨거워진 유체(기체나 액체)의 상하 운 동에 의해 드럼 내로 열을 전달하여 생두를 로스팅하는 대류 열전달 방식 비중이 가장 높다.

20 ③

로스팅 단계는 SCA 분류에서는 #95～#25, 8단계로 #25가 가장 강한 단계이고, 일본식 분류에서는 Light, Cinnamon, Medium, High, City, Full City, French, Italian 순으로 강해진다.

21 ①

1982년 뉴욕에 설립된 미국 스페셜티 커피 협회 (SCAA, Specialty Coffee Association of America)와 1998년 영 국 런던에서 조직화된 유럽 스페셜티 커피 협회(SCAE, Specialty Coffee of Europe)가 2017년 통합되어 SCA가 출범하였다. 스페셜티 커피는 품질 평가에서 100점 만점 에서 80점 이상의 원두를 말한다. 산지 재배와 추적 가능 성, 유통 등 과거에 비해 품질이 인증된 커피는 맞지만, 그렇다고 스페셜티 커피가 반드시 맛과 향이 더 뛰어난 커피를 의미하지는 않는다. 소비자의 취향이 다양해졌고, 커피 산업이 발전하면서 스페셜티 커피 시장은 더욱 성장 할 것으로 전망된다.

22 ③

로스팅이 되면서 생두는 부피가 증가하며 표면에 있는 주 름이 점차 펴진다.

23 ②

로스팅 과정에서 비타민은 거의 파괴되는데 오히려 니아 신은 트리고넬린이 분해되어 니아신이 생성되기 때문에 원두에서 더 많은 함량을 보인다.

24 ③

생두 성분 중에서 로스팅을 거쳐도 크게 변하지 않는 성 분은 셀룰로오스, 카페인, 펙틴, 회분이 있고, 자당은 갈 변 반응을 통해 원두가 갈색을 띠게 하고 아로마 물질을 형성하며 로스팅 후에는 대부분 소실된다.

25 ②

사이클론은 로스팅할 때 발생하는 실버 스킨이나 미세먼 지 등을 모아서 가벼운 것은 밖으로 배출하고 무거운 것 은 아래 실버 스킨 통(채프받이, Chaff Collector)에 쌓는 장치이다. 로스팅 중에 소량의 콩을 드럼에서 꺼내어 색 깔, 향 등을 확인할 수 있는 장치는 샘플러이다.

26 ④

로스팅 컬러가 불균일하며, 재고관리 측면에서 단점이 있 는 블렌딩 방법은 선 로스팅 후 블렌딩이다.

27 ③

㉠ 트리고넬린, ㉡ 카페인

28 ③

클로로겐산은 아라비카에는 5.5～8%, 로부스타종에는 7～10% 정도가 함유되어 있다.

29 ②

고온 단시간 로스팅은 현재 가장 많이 쓰이는 방식이 며, 반열풍이나 열풍식 로스터기에서 열풍에 의해 빠르 게 로스팅할 수 있다. 생두 투입 온도를 비교적 높은 온도 (200℃ 전후)에서 시작하여 강한 화력을 주어 단시간에 끝내는 방법이며, 향미 손실이 적다. 수분 증발률이 높은 로스팅은 장시간 저온 로스팅이다.

30 ④

추출은 순서대로 침투, 용해, 분리의 3단계를 거친다.

31 ④

플랫 버, 코니컬 버, 롤러 커터는 두 날의 간격을 조절할 수 있는 간격식 칼날 형태이고, 블레이드 형태는 간격을 조절할 수 없는 충격식 형태의 그라인더 칼날이다.

32 ①

에스프레소의 추출 기준은 나라, 지역, 머신, 바리스타에 따라 조금씩 달라질 수 있지만, 일반적인 기준은 원두의 양 약 7g, 추출 압력 9±1bar, 추출 온도 90～95℃, 추출 시간 20～30초, 추출량 30±5ml이다.

33 ②

에스프레소의 크레마는 분명 좋은 향의 아로마도 포함되어 있지만 부정적이고 텁텁한 이산화탄소의 가스 향도 많이 포함되어 있다. 따라서 에스프레소의 크레마가 풍성하고 많을수록 반드시 좋은 에스프레소로 평가할 수는 없다. 로스팅한 지 얼마 되지 않은 원두는 크레마가 지나치게 많이 나오고 오히려 부정적일 수 있어 보통 에스프레소 머신으로 추출할 때에는 로스팅 후 일정 기간 디개싱(이산화탄소가 빠지는 과정)을 거친다. 보통 이상적인 크레마 두께는 2~4mm 정도이다.

34 ③

샤워 스크린(Shower Screen)
샤워 홀더를 통과한 물을 미세하고 수많은 물줄기로 분사시켜 포터필터에 담긴 원두를 골고루 적셔서 추출이 되도록 한다. 커피의 기름때가 끼는 부분이기 때문에 주기적으로 청소하고, 일정한 주기로 교체해야 한다.

35 ①

플로우미터(Flowmeter)
유량계라고도 하며 커피 추출 물량을 감지하는 부품으로, 고장이 나면 제대로 된 물량 조절이 이루어지지 않는다. 수동 머신에는 없으며, 자동 추출 기능이 있는 에스프레소 머신 이상에서만 볼 수 있다.

36 ③

스티밍할 때에는 차가운 우유를 사용하여 우유의 온도가 40℃가 되기 전에 공기 주입을 하는 것이 좋고, 이후 원하는 온도가 될 때까지 주입된 공기(거품)와 우유가 잘 혼합되도록 신경을 써야 한다.

37 ④

로스팅을 강하게 하면 후반부에 가하는 열에 의해서 생두의 섬유질이 반응하여 분자량이 무겁고 휘발성이 약한 화합물이 생성되는 건열 반응이 생긴다. 이로 인해 커피의 뒷맛에서 송진 향(Turpeny), 향신료 향(Spicy), 탄 향(Carbony)이 느껴진다.

38 ③

향을 맡는 단계에 따라 프래그런스(분쇄된 커피 향기) → 아로마(물에 젖은 커피 향기) → 노즈(마실 때 느껴지는 향기) → 애프터테이스트(마시고 난 뒤 입 뒤쪽에서 느껴지는 향기)로 나뉜다.

39 ②

커피를 마셨을 때 느끼는 향기와 맛의 복합적인 느낌을 플레이버(Flavor)라고 하고, 플레이버의 관능 평가는 후각, 미각, 촉각으로 나뉜다.

40 ①

커피의 기본적인 맛은 쓴맛, 신맛, 단맛, 짠맛이다.

41 ②

커피의 카페인은 위산 분비를 촉진시키기 때문에 공복에 너무 많은 섭취는 위궤양을 유발할 수 있다. 또한 소변에서 칼슘 배설을 촉진시키기 때문에 과다 섭취할 경우 폐경기 여성에게 골다공증의 위험성을 불러일으킨다. 또한 과다 섭취 또는 금단 현상으로 불면증, 두통, 신경과민, 불안감 등의 증세가 발생한다.

42 ①

SCA 커피 커핑은 원두 및 커핑 준비, 분쇄, 프래그런스 체크, 물 붓기, 브레이킹 아로마 체크, 스키밍, 슬러핑, 종합 평가의 순서를 거친다.

43 ③

커피의 폴리페놀(Polyphenol)류는 항산화 효과가 있지만, 인체에 철분 흡수를 방해하는 작용을 하기 때문에 과다 섭취할 경우 빈혈이 올 수 있다.

44 ④

클로로겐산(Chlorogenic Acid)은 커피에 다량 함유된 폴리페놀 화합물이며, 커피콩 특유의 색을 나타내는 물질이다. 체내에서 과산화지질 생성 억제, 콜레스테롤 생성 및 합성 억제, 혈당조절 기능 개선, 항암 작용을 한다. 특히 많은 연구 결과에서 커피 섭취는 간암으로 인한 사망 위험 감소에 효과가 있는 것으로 알려져 있다.

45 ③

파라티푸스는 격리가 필요한 감염성 질환으로 영업에 종사하지 못한다. 식품위생법에서 정한 '감염병 예방 및 관리에 관한 법률 시행 규칙 제 33조 1항과 50조'에 따르면, 영업에 종사하지 못하는 감염병은 콜레라, 장티푸스, 파라티푸스, 세균성 이질, 장출혈성 대장균감염증, A형간염, 감염성 결핵, 후천성면역결핍증 등이 있다.

46 ①

세균이나 바이러스에 의한 경구 전염병과 달리 세균성 식중독을 유발하는 병원성 대장균은 전염성이 거의 없다.

47 ②

냉장, 냉동고의 내부 용적률은 70% 이하로 관리한다.

48 ②

카페에서 음료 등의 주문은 주빈, 여성, 연장자, 직책이 높은 순으로 고객의 측방에서 주문을 받고, 서빙할 때에는 고객의 오른쪽에서 여성 고객 우선의 원칙을 지키고, 연장자, 남성 순으로 제공한다.

49 ④

관광기본법은 카페 운영과 관련이 없다.

50 ②

전기로 인한 화재 진압 시 물을 뿌리면 감전의 위험이 있으므로, 분말 소화기를 사용하여 화재를 진압한다. 감전 사고자를 안전한 장소로 구출하여 이동시키고 의식, 화상, 출혈 상태 등을 확인한다. 필요시 인공호흡 등 응급처치를 실시하고 119에 신고한다.

참고문헌

- 호리구치 토시히데 「커피교과서」 2012. 벨라루나
- 황호림 「바리스타 2급 자격시험」 2020. 영진닷컴
- (사)한국커피협회 「바리스타 자격시험 예상문제집」 2021. 커피투데이
- (사)한국커피협회 「커피 바리스타」 2021. 커피투데이
- 임수진 「커피밭 사람들」 2011. 그린비
- 윌리엄 H.우커스 「All About Coffee」 2012. 세상의 아침
- 박영순. 「커피 인문학」 2017. 인물과 사상사
- 정한진 옮김. 야니스 바루치코스 그림 「커피는 어렵지 않아」 2019. Greencook
- 제임스 호프만. 「Coffee Atlas」 2016. 아이비라인
- 유승권. 「Roasting Craft」 2019. 아이비라인

이기적과 함께 또, 기적
또, 합격

자격증은
이기적